José Francisco Aldrete Enríquez

Diagnóstico de capacidades regionales en el desarrollo de software

José Francisco Aldrete Enríquez

Diagnóstico de capacidades regionales en el desarrollo de software

Estudio basado en datos obtenidos de instituciones de las regiones de la ciudad de Chihuahua y ciudad Delicias, México

Editorial Académica Española

Imprint

Cover image: www.ingimage.com

Publisher:
Editorial Académica Española
is a trademark of
International Book Market Service Ltd., member of OmniScriptum Publishing Group
17 Meldrum Street, Beau Bassin 71504, Mauritius

Printed at: see last page
ISBN: 978-613-8-99462-6

Diagnóstico de capacidades regionales en el desarrollo e implementación de software embebido.

José Francisco Aldrete Enríquez
fcoalderete.mx

DEDICATORIA

A mi Padre **JOSE FRANCISCO ALDRETE PACHECO** quien ocupa su columna en el eterno oriente y a mi Madre **MARÍA ELENA ENRÍQUEZ DE ALDRETE**, a ambos por darnos a nosotros sus hijos y nietos: todo.

A mis "*humanitos*": **ALEJANDRA ELENA, JOSÉ FRANCISCO, JOSÉ SEBASTIÁN, JOSÉ ANTONIO y LIDIA YARETZI**. Hijos: los amo, sobre todo, por todo, y con todo. Mi razón de ser, por quienes respiro, aspiro y suspiro más metas.

A mis **ALUMNOS** de ayer, hoy, y los que vienen, por tenerlos gustosamente bajo mi responsabilidad, luego como exalumnos y para siempre amigos.

En la amada memoria de tres personas que fueron muy cercanas y queridas por mí, grandes amigos, hermanos del alma y que con su prematura partida dejan un hueco que nunca llenaré, y lo más triste es que se me fueron casi juntos: mi Primo Hermano **RAMÓN OCTAVIO ALDERETE PALMA**, mi Compadre **MANUEL ALESSIO VILLALVA DURÁN**, y mi Hermano Masón **DOMINGO ENRIQUE FERNÁNDEZ CHARLES**. Para siempre los tendré en mi corazón.

A mis **Hermanos Masones de la Gran Logia de Chile**, por ser quienes en una estrecha comunión y en un ambiente de intelectualidad mostraron una excelsa fraternidad hacia mi persona, permitiéndome hacer un turismo académico y socorrerme cuando tuve la necesidad.

¡Mirad cuán bueno y cuán delicioso es,
habitar los hermanos juntos y en armonía!

Al **CONALEP** y a toda su comunidad, por ser mi otro hogar, por ser quienes desde hace 25 años me abrieron sus puertas y han sido mi vida, mi otra vida.

AGRADECIMIENTOS

Es difícil incluir en este apartado, a todos a quienes les estoy agradecido por este paso, y hasta cierto temor me da empezar a mencionar nombres porque puedo por un error involuntario omitir a alguien. Sin embargo, mencionaré a quienes de una u otra manera estuvieron más directamente presentes de alguna forma para el desarrollo de este trabajo.

Una persona a quien admiro por su nivel académico, preparación, profesionalismo, por su gentileza al permitirme ser su discípulo, y por la gran pero gran paciencia para asesorarme-guiarme en esta investigación, por ser una Doctora con gran talento y sobretodo entusiasmo, muchas gracias **DRA. MARÍA DEL CARMEN GUTIÉRREZ DIEZ**, por ser como es, por ser un ejemplo a seguir.

Al **PROFR. IRAM ALBERTO ARELLANES CORRAL**, por brindarme una de las oportunidades más valiosas de mi vida, y gracias a ello, esta meta de realizar este trabajo fue alcanzada. Llevaré grabado en mi corazón de por vida, la deferencia hacia mi persona para lograr muchos sueños que estaban distantes y que usted los convirtió de inalcanzables a realizables. ¡Mil gracias Profe!

A mi esposa **LIDIA ROCÍO MORA RODELO**, la persona que más ha tenido que tolerarme, sostenerme, "*chiplearme*", mi compañera de vida, y además ser quien me dio cinco razones para amar incondicionalmente, para sostenerme, para seguir:

¡A mis *"humanitos",* mis Hijos!

A la **Facultad de Contaduría y Administración de la Universidad Autónoma de Chihuahua**, por que depositaron en mí su confianza para integrarme a su equipo de trabajo académico, y además por otorgarme una Beca para realizar mis estudios en esta maestría.

Al gobierno de la **República de Chile** quien a través de la Agencia de Cooperación Internacional del Ministerio de Relaciones Exteriores en la plataforma de la Alianza del Pacifico me permitieron estar aprendiendo como nunca.

ÍNDICE GENERAL:

ÍNDICE DE FIGURAS

ÍNDICE DE CUADROS

ÍNDICE DE GRÁFICAS

I. INTRODUCCIÓN

El presente trabajo de investigación es un diagnóstico para determinar las capacidades que se tienen en la región, específicamente en la ciudad de Chihuahua y la ciudad de Delicias, para desarrollar y/o implementar software embebido, y en base al resultado obtenido se establece la viabilidad o no para atraer nuevas unidades de negocios en esta área.

Las claras tendencias del Software Embebido (SE) indican que es una de las áreas con mayor crecimiento y con un gran campo de desarrollo e investigación, se estima que existen 16 billones de unidades los cuales inciden en todos los sectores de la sociedad (domestico, militar, industrial, transporte, comunicaciones, etc.), para resumir en una frase a esta tecnología: es la inteligencia integrada en las cosas.

Por lo que sí es importante revisar las posibilidades que se tienen para adentrarse e integrarse en esta nueva dinámica tecnológica, además de analizar las posibilidades académicas que se tienen en esta región para lograrlo.

Esta iniciativa nace de una inquietud de una empresa establecida en Chihuahua, que trabaja sobre una nueva línea de operación en el cual integrara nuevas unidades de negocio específicamente en el desarrollo e implementación de software embebido, se crea este diagnóstico como parte de un estudio formal, para integrar elementos básicos y con ello crear una base para extender el diagnóstico para el desarrollo y programación en general.

Se revisan algunos institutos, centros educativos, entre otros como ejemplos de soporte y muestra del interés en estas áreas. Se describe la importancia de enseñar a programar, pasando por la industria del software en México y algunos de los proyectos existentes en el país. Se hace una breve descripción de las dos ciudades que son las que forman parte de este estudio, y de cada una se selecciona un instituto educativo representativo para realizar con los datos obtenidos un estudio de su población académica y estudiantil. Con ambas escuelas y los datos obtenidos del 2013 al 2015 de ellas, se puede observar como el suministro de talento humano presente y a futuro está garantizado, y de esta manera augurar a futuras empresas un suministro suficiente y capaz.

La sección donde se hace el análisis de los resultados se divide en tres partes: la comunidad estudiantil que se refiere a los alumnos que está actualmente cursando un plan de estudios cuyo perfil es acorde al desarrollo de software embebido, y que en un futuro se estarán integrando, la segunda parte que se refiere a los catedráticos de estas carreras, quienes ya cuentan con experiencia y grados académicos, inclusive, ya están aptos para integrarse al campo laboral de así requerirse. La tercera parte muestra un panorama general, tanto de matrícula como de egresados a nivel nacional. También se incluye la posición del estado de Chihuahua con respecto a otros estados en cuanto a la matrícula afín al área de software embebido.

Se hace un análisis e interpretación de la información utilizando una estadística descriptiva, donde los datos se obtienen en base a un muestreo no probabilístico. Se revisa también la importancia que reviste que nuevas oportunidades de negocios se establezcan en las regiones, y como uno de los efectos positivos es hacer crecer económicamente la población. La importancia del desarrollo económico en la sociedad impacta positivamente en muchos aspectos a una ciudad, incluso, en el mercado global se hace presencia.

Pero bien, no solo se describen los resultados positivos en lo económico y laboral de estas nuevas oportunidades, si no el gran impacto académico que se tiene al crear interés por “generar” programadores, y que como una nueva oportunidad para los estudiantes ayuda a mejorar el interés por ellos y sus catedráticos.

ANTECEDENTES

En la región de Chihuahua no existen empresas que se dediquen al desarrollo de software embebido de manera formal o un sector laboral formal en esta área. Los pocos "desarrolladores" (que también de manera equivalente se llamaran en el presente trabajo de investigación como "programadores") que se tienen, se van a otros estados como Jalisco, Nuevo León, entre algunos otros lugares, debido a que ahí se ofrecen grandes oportunidades, incluso, algunos talentos se van del país, esto hace que se tenga "fuga de cerebros" en el estado. Es una gran oportunidad para la región, poder tener un lugar donde se generen empleos, y crear un "semillero" laboral en el ámbito del desarrollo de software embebido, atrayendo nuevas unidades de negocios y todas las ventajas que de ello se deriva, no solo para los programadores Chihuahuenses, sino en todas las áreas que se abren en estas nuevas empresas, por ejemplo: jefes de oficina, recursos humanos, directivos, empleados de seguridad, etc.

La situación actual descrita, permite visualizar de una manera muy general que se tiene una gran oportunidad de desarrollo. Haciendo referencia a un caso en particular, la empresa Honeywell establecida en la ciudad de Chihuahua (Honewell, 2015) inició una "modesta" investigación de mercado en este rubro, pero quien de manera más formal y comprometida están dando pauta para iniciar no solo el diagnóstico, sino todo el estudio para atraer nuevas unidades de negocios es la una empresa internacional que tiene una sucursal en la ciudad de Chihuahua. Precisamente a raíz de la inquietud de esta empresa, nace la presente investigación, ya que ellos buscan abrir este nuevo campo de desarrollo en su filial de la ciudad de Chihuahua.

PROBLEMA DE INVESTIGACIÓN

Es importante para cualquier región del mundo el tener alternativas laborales para los ciudadanos, ya que esto permite no solo que la actividad económica se mantenga activa, sino que es una oportunidad de permitir una estabilidad social generalizada. Además, de manera específica, promover y adecuar espacios para los programadores es una gran ventaja, ya que esto activara esta nueva rama tecnológica en las escuelas (enseñanza de la programación) y el impacto cognoscitivo que de ello se deriva, entonces se formula la siguiente pregunta general:

- ¿Es viable establecer en la región nuevas unidades de negocio en el área de desarrollo e implementación de software embebido?

De lo anterior se desprenden estas preguntas más específicas:

- ¿Existe en la región personas con las capacidades para el desarrollo de software embebido?
- Los centros educativos de la región, ¿capacitan y ofertan talento humano con los conocimientos para ocupar posiciones laborales en las áreas de desarrollo de software embebido?

OBJETIVOS DEL ESTUDIO

Objetivo general:

Diagnosticar las capacidades de recurso humano calificado para establecer en la región empresas en el área de desarrollo de software embebido.

Objetivos específicos:

Para tener los parámetros indicativos para hacer el diagnóstico y estar en posición de efectuar una buena determinación de estas posibilidades, se plantean estos objetivos específicos para desarrollar y complementar el objetivo general:

- Identificar si existe actualmente talento humano con el perfil profesional para desarrollar software embebido en la región.
- Identificar si existen centros educativos que puedan aportar recursos humanos con capacidades para cubrir los puestos de las empresas establecidas o por establecerse.

JUSTIFICACIÓN Y DELIMITACIÓN DEL ESTUDIO

Justificación:

Es importante abrir nuevas oportunidades de negocio para la comunidad, y con ello nuevas opciones de trabajo para los profesionistas egresados o por egresar, esto activa la economía local con alcances globales. Atraer la inversión en el área de desarrollo de software embebido, ya de una manera específica, permite crear un entorno tecnológico de grandes escalas a la altura de las ciudades más importantes de México (Monterrey, Guadalajara, D.F., entre otros), quienes cada vez están a la "caza" de talentos de otras ciudades, incluyendo Chihuahuenses.

Para promover/impulsar nuevas y mejores ofertas de trabajo, evitar la migración/fuga de cerebros, "*levantar la mano*" en el ámbito mundial como desarrolladores de software, para ejemplo se tiene los casos de éxito de quienes a través del software realizan actividades a nivel mundial y que generan ganancias enormes: Netflix, Apple, Amazon, Google, Mercado Libre, etc. , derivado de lo anterior se deja en claro la importancia que reviste no solo para un empresa en particular, sino para todos los ciudadanos que pueden tener o tienen el perfil adecuado para cubrir con los puestos, y el personal indirecto que no necesariamente tengan el perfil que se requieren para las organizaciones (administradores, contadores, supervisores, etc.).

El impacto social y económico del establecimiento de nuevas empresas ha sido y será un motivo de desarrollo en varios ámbitos de las ciudades. Por todo esto, es muy importante dejar en claro que cualquier actividad laboral activa la economía, y hay un impacto más considerable si estas son de tipo intelectual por lo que es importante mantener en constante búsqueda de oportunidades.

Delimitación:

El presente trabajo de investigación cuya finalidad es hacer un diagnóstico para determinar las capacidades regionales para el desarrollo e implementación de software embebido cuya zona geográfica cubre la ciudad de Chihuahua y la ciudad de Delicias, basándose en el censo de los siguientes institutos educativos para conocer la población estudiantil cuyo perfil puede cubrir los conocimientos requeridos para las actividades en mención, serían:

- Facultad de Ingeniería de la Universidad Autónoma de Chihuahua a nivel pregrado (licenciatura) y posgrado (maestrías), población estudiantil y personal académico.
- Instituto Tecnológico de Delicias a nivel pregrado (licenciatura), población estudiantil y personal académico.

Esto permitirá documentar y hacer la proyección del presente diagnóstico por ser muestras representativas que se especifican en la sección "IV. Criterios Metodológicos".

II. FORMULACIÓN DE LA HIPÓTESIS

Hipótesis General:

Existe en la región de la ciudad de Chihuahua y la ciudad de Delicias la capacidad académica para ofrecer talento humano técnico y operativo a nuevas unidades de negocio en el área de desarrollo de software embebido.

Hipótesis Específicas:

- Actualmente se tiene recursos humanos cuya área de estudios están dentro del perfil en el desarrollo de software embebido, atención pronta de la demanda laboral.
- Hay centros educativos que incluyen carreras afines al área del desarrollo de software embebido, y estar en posibilidad a futuro para poder ofertar talento humano.
- Existen lugares donde capacitar al recurso humano de manera específica en las necesidades que las unidades de negocio requieran para adecuar sus capacidades y habilidades a los desarrollos de software requeridos.

III. MARCO DE REFERENCIA

1. Importancia de la enseñanza/promoción de la programación de computadoras.

En esta nueva era digital, en donde prácticamente nadie pueda estar ajeno a las tecnologías de la información, ya no basta con ser un simple usuario de presionar un botón, ahora las nuevas generaciones no pueden conformar sus estudios como un usuario "ligero", ya es necesario hacer ciertas programaciones, por ejemplo, al usar un teléfono celular, una simple alarma despertadora ya se tiene que programar al equipo, este ejemplo de un uso de los más sencillos muestra la necesidad imperante de introducir temas tecnológicos desde la niñez a los estudiantes mexicanos, y en especial a programar.

1.1. Conceptos generales.

Es necesario primero encuadrar algunos conceptos, por lo cual, hay que iniciar definiendo de manera general lo que es programación de computadoras: se refiere a la escritura de instrucciones en un lenguaje determinado a una computadora, y que esta las interpreta y ejecuta, donde el formato en el cual se le escriben indican el lenguaje y a quien lo "teclea" se le llama programador.

Al proceso de escribir esas instrucciones en un lenguaje de programación determinado se le denomina codificación, y estas son el código fuente, entendible por el humano (antes de su proceso de traducción/compilación). Pero bien, ¿Qué es la compilación? "Un compilador es un programa que traduce los programas fuente escritos en lenguaje de alto nivel a lenguaje máquina. La traducción del programa completo se realiza en una sola operación denominada compilación del programa; es decir, se traducen todas las instrucciones del programa en un solo bloque" (Joyanes, 2008).

Ya se puede distinguir algunos conceptos generales, cabe hacer mención, que a los programadores, como parte fundamental en la escritura de instrucciones para las computadoras y como el eje en un entorno complejo, también se les puede denominar como "desarrolladores de software" o simplemente "desarrolladores" porque al final de cuentas a partir de un análisis, pueden crear todo un entorno sistemático informático, y no solo son simples y llanos "codificadores".

Pero un punto muy importante, hay que destacar que los programadores no solo pueden codificar o programar para computadoras personales, esta capacidad se expande más allá, puesto que se pueden programar prácticamente cualquier dispositivo electrónico que use software como una de sus partes operativas, llámese celulares, tabletas, entre otros muchos equipos. Por lo que el ámbito de desarrollo es enorme, incluso, las capacidades de una persona pueden verse altamente elevados al manejar más de un lenguaje de programación.

1.2. "El álgebra del siglo XXI", porque es importante la enseñanza de la programación.

En un documental llamado "Steve Jobs: La entrevista perdida", grabado en 1995, usada para el programa "El triunfo de los Nerds" de Robert Cringley, explica Jobs la gran importancia que reviste en cada persona el aprender a programar, y el gran valor cognoscitivo que de ello se deriva:

> "Usamos la computadora bastante para calcular cuántos errores obtendríamos en las frecuencias y cuánto podría ser tolerado. Así que la utilizamos en nuestro trabajo, pero algo mucho más importante, no tenía nada que ver con usarla para algo práctico, tenía que ver con usarla para ser un espejo de tú proceso de pensamiento, para de hecho aprender como pensar.

> En otras palabras, creo que el valor más grande de aprender como programar es eso, creo que todos en este país deberían aprender como programar una computadora, deberían aprender un lenguaje informático, porque eso te enseña a pensar.
> Es como ir a la escuela de leyes. No creo que todos deben ser abogados pero creo que la escuela de leyes sería útil porque te enseña como pensar de cierto modo, en la misma forma en que la programación informática te enseña en una forma diferente a pensar" (Jobs, 1995).

Para resumir lo expresado por Jobs, el impacto que deja la programación de computadoras en un individuo es porque le enseña a pensar.

Si se toma esta frase como el eje para ejemplificar la importancia que reviste el ir ingresando a la nueva era de las tecnologías, y en especial, el saber crear en ellas procesos con instrucciones, deja como secuela que la persona que está en el proceso de enseñanza-aprendizaje tenga que pensar analíticamente, que incluso tenga que visualizar previamente antes de escribir los códigos, por lo que paralelamente el alumno se vuelve ordenado (la programación tiene un orden), e incluso, hasta se valora mucho la ortografía (la escritura en los lenguajes es muy precisa y exacta, cualquier error puede ocasionar el mal funcionamiento, o que no pueda "correr" el programa que se codificó). La lógica se ve altamente enriquecida, la resolución de problemas es un reto constante y también se tiene que procesar ciertas cantidades de información, por lo que todo esto se refleja en una mayor agilidad mental, incluso se pueden pensar en varias soluciones para un mismo problema, y llegar a conclusiones de las mejores rutas de solución. Por todo esto, es un impacto positivo si se empieza a enseñar a programar desde jóvenes, puede ser a partir de quinto año de primaria inclusive.

1.3. Porque hay pocos programadores.

Antes de abordar el tema cabe aclarar que la programación de computadoras se podría considerar como un sinónimo de matemáticas, de ahí el lema de que debería ser el álgebra del siglo XXI. Y precisamente a que programar es "hacer matemáticas" pues en ello radica la falta de popularidad entre los estudiantes del área de las Tecnologías de la Información y Comunicaciones (conocidas también por las siglas TIC) por prepararse en la codificación, es conocido por todos los que están involucrados en la educación que bien se puede catalogar a los estudiantes en dos grandes grupos: "A los que SI les gustan las matemáticas" y "A los que NO les gustan las matemáticas", y este último grupo suele ser mucho mayor en cantidad. Entonces, se puede deducir fácilmente que por la misma causa tampoco hay muchos estudiosos de la programación. Y sin embargo, si hay talento en esta área y estas personas son muy populares y un atractivo para las empresas del ramo.

1.4. Ejemplos de las principales actividades para promover la programación de computadoras.

En la actualidad se ha visto como las TIC se ha permeado entre la sociedad a una gran escala, y en esta misma dinámica se han realizado muchas actividades cuya principal finalidad es la de "atraer" a los estudiantes o simpatizantes de estas tecnologías a que se especialicen como programadores. A raíz de lo que se expresa en el punto 1.3 de esta investigación se han ido promoviendo a través de diversas formas la programación, no solo en el País, sino en todo el mundo, y en especial en gran escala en los Estados Unidos. Ejemplos:

- Olimpiada Mexicana de Informática (OMI): es un concurso a nivel nacional para jóvenes con facilidad para resolver problemas prácticos mediante la lógica y el uso de computadoras, que busca promover el desarrollo tecnológico en México y encontrar a los mejores programadores (Olimpiada Mexicana de Informática, 2016).

- Olimpiada Internacional de Informática (IOI): Es una de las cinco olimpiadas científicas internacionales. El objetivo principal de la IOI es estimular el interés en la informática (computación en la ciencia) y tecnología de la información. Las pruebas de la competición son de naturaleza algorítmica; sin embargo, los concursantes tienen que mostrar esas habilidades informáticas básicas como el análisis de problemas, diseño de algoritmos y estructuras de datos, programación y pruebas (International Olympiad in Informatics, 2016).
- Code.org: Una de las asociaciones más entusiastas en la promoción y capacitación en todas las edades es Code.org., la cual es una organización sin fines de lucro, fundada por los hermanos Hadi y Ali Partovi, que tiene como objetivo incentivar a la gente, en especial a los estudiantes de colegios a aprender sobre las ciencias computacionales. Esta organización se encarga de dar lecciones gratis de programación, a través de su sitio web (Code.org, 2016).
- Codecademy: Otra organización de gran importancia, es una plataforma interactiva en línea que ofrece clases gratuitas de codificación en lenguajes de programación: "Enseña al mundo a programar" (Codecademy, 2016).

Existen otras muchas plataformas de apoyo, e incluso grandes asociaciones están también apoyando y difundiendo esta área de estudio (por ejemplo, la ACM: Association for Computing Machinery). Esto es solo para dejar constancia que, si existe mucha difusión y apoyo en este sentido, de que se trata de elevar los indicadores en el área de la especialidad de desarrolladores de software y de manera muy particular, estas actividades también se reflejan en la región.

2. Software Embebido (SE).

Esta rama específica del software es la que ofrece uno de las mayores posibilidades tecnológicas, internet ha expandido en todos los ámbitos los alcances de las comunicaciones, así mismo, ha posibilitado un nuevo tema que está en franco crecimiento como lo es "el Internet de las cosas", y precisamente el software embebido es el que mayormente se ha visto inmerso en esta área, permitiendo su expansión prácticamente a cualquier dispositivo del hogar, vehículos, entre otros muchos lugares.

2.1. Introducción.

"El software de aplicación tiene como función principal asistir y ayudar a un usuario de una computadora para ejecutar tareas específicas. Los programas de aplicación se pueden desarrollar con diferentes lenguajes y herramientas de software. Por ejemplo, una aplicación de procesamiento de textos (word processing) tal como Word o Word Perfect que ayuda a crear documentos, una hoja de cálculo tal como Lotus 1-2-3 o Excel que ayudan a automatizar tareas tediosas o repetitivas de cálculos matemáticos o estadísticos, a generar diagramas o gráficos, presentaciones visuales como Power Point, o a crear bases de datos como Access u Oracle que ayudan a crear archivos y registros de datos" (Joyanes, 2008).

Pues bien, el software se puede agrupar por diversos conceptos, por ejemplo, por su uso final: de sistemas (sistemas operativos, controladores, etc.), de programación (Compiladores, IDE, intérpretes, depuradores, etc.), de aplicación (Procesadores de texto, hojas de cálculo, etc.). Otra clasificación por campos de aplicación es: Sistemas de inteligencia artificial, de línea de productos, de ingeniería y ciencias, de sistemas embebidos, entre otros más. Incluso pueden existir más categorizaciones (Pressman, 2010).

2.2. Que es el software embebido.

Para ofrecer una definición más concreta se tomará como base la siguiente descripción: "Se conoce como sistema embebido a un circuito electrónico computarizado que está diseñado para cumplir una labor especifica en un producto. La inteligencia artificial, secuencias y algoritmos de un sistema embebido, están residentes en la memoria de una pequeña computadora denominada microcontrolador. A diferencia de los sistemas computacionales de oficina y laptops, estos sistemas solucionan un problema específico y están dispersos en todos los ambientes posibles de la vida cotidiana" (Galeano, 2009).

En una de las tantas clasificaciones se encuentra de manera clara este rubro de tipo de software. Cabe hacer mención que en esta rama del software, es imposible la subsistencia/independencia del hardware con el software, a diferencia de otros tipos en cual la migración entre plataformas es posible e incluso hasta transparente para las personas que procesan las migraciones de sistemas.

2.3. Programación del software embebido (SE).

Los lenguajes de programación sirven para escribir programas que permitan la comunicación usuario/máquina. Unos programas especiales llamados traductores (compiladores o intérpretes) convierten las instrucciones escritas en lenguajes de programación en instrucciones escritas en lenguajes máquina (0 y 1, bits) que ésta pueda entender. (Joyanes, 2008). En el caso particular del software embebido se analiza las principales características en la codificación del mismo en los siguientes subtemas.

2.3.1. Descripción.

Los diseñadores tradicionalmente han utilizado lenguajes de programación como C para desarrollar sistemas embebidos basados en arquitectura de microprocesadores o microcontroladores. Los diseñadores de sistemas embebidos que trabajan con hardware para este tipo de software embebido (también conocido por las siglas SE), pueden escoger entre una variedad de lenguajes de programación y herramientas al diseñar sus sistemas (National Instruments, 2015).

En general para el diseño de SE no se dispone de recursos ilimitados, sino que la cantidad de memoria será escasa, la capacidad de cálculo y dispositivos externos será limitada, etc. Por lo general las principales características que se deben tomar en cuenta para el desarrollo de este tipo de software son:

- Optimizar al máximo los recursos con los que se cuenta
- El trabajo a realizar es en tiempo real, lo cual debe tomarse en cuenta en la programación en procesos que puedan consumir tiempos
- El tipo de desarrollo puede estar limitado a la plataforma de hardware donde será empotrado el sistema
- Contemplar la posibilidad de programar para las interfaces en ensamblador
- Para el desarrollo se debe tener en cuenta si se incluye el sistema con un sistema operativo o se programará para uno
- Especificaciones muy claras y concisas en las Entradas y salidas del sistema (E-S)
- Solución a problemas en concretos
- Posibilidad de que el hardware este a la medida y/o viceversa
- Por lo general existe comunicación constante con sensores

Estas son un ejemplo de algunas consideraciones, pero pueden existir más, todo depende de la solución que se desea implementar (Úbeda, 2009).

Lo que si se deben tener en cuenta es que las aplicaciones serán por lo general enfocadas a la portabilidad o compactas donde el hardware será alimentado por fuentes de poder de baja capacidad de corriente, menor disipación de calor por lo que se genera aplicaciones reducidas y de bajo consumo pero robusto (Galeano, 2009).

2.3.2. Principales lenguajes para programar

Para los “Sistemas Embebidos” se recomienda ampliamente usar compiladores a intérpretes, ya que como se menciona en el punto 2.3.1., el hardware está limitado por lo que su uso debe ser lo más óptimo, y un compilador obliga entregar la aplicación ya debidamente compilada, y el intérprete requiere leer el código en tiempo real y estará solicitando servicios durante su ejecución al procesador. Para mencionar los más importantes:

- Ensamblador (del microprocesador)
- C / C++
- Java SUN
- VHDL
- Incluso otros lenguajes como Basic

Se debe considerar el tipo de plataforma y procesador para definir el lenguaje que sea la mejor opción. Cabe hacer mención que también se tienen sistemas operativos para el software embebido. En la siguiente imagen se podrá apreciar un ejemplo de la interacción de la Plataforma de Hardware con el sistema operativo y con el ambiente de desarrollo sugerido para el lenguaje C/C++.

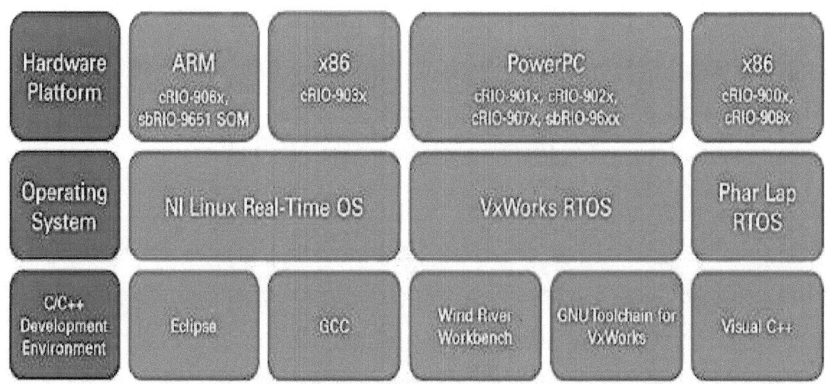

Figura 1: Herramientas de desarrollo y su relación con la plataforma de hardware y su sistema operativo. (Fuente: National Instruments, 2015).

2.4. La industria del software en México, mercado global y local.

En octubre de 2002, el gobierno federal a través de la Secretaría de Economía, y con la participación del sector empresarial, lanzó la política pública PROSOFT como el "Programa para el desarrollo de la industria del software" teniendo como objetivo, la creación de condiciones necesarias para que México contara con una industria de software competitiva a nivel internacional en el mediano plazo. En 2004 se crea un fondo de subsidios orientado a soportar e impulsar esta política pública para el fomento del sector de software. Durante 2012 y principios del 2013 derivado de los resultados, retos, tendencias y necesidades del sector de las TIC en México y el cambio de administración, la Secretaría de Economía inició un proceso de análisis y planeación con miras a evolucionar el PROSOFT 2.0.

En su tercera fase de la evolución, lanzada el 22 de julio de 2014 a través de la agenda sectorial para el desarrollo de tecnologías de la información en México (PROSOFT 3.0) se busca posicionar al país a través de ocho estrategias con objetivos específicos e iniciativas y acciones que son prioritarias en la agenda nacional; dónde establece que los servicios deben actuar como catalizadores de innovación y productividad para el resto de los sectores económicos, por ello son prioritarios para el país. Existe un mercado global en crecimiento, en el cual México compite con más jugadores. El sector de TI ha cambiado el mundo de una manera radical y lo seguirá haciendo, México se ha vuelto un participante activo en este cambio.

En el mes de junio de 2015 la SHCP presentó a la H. Cámara de Diputados la estructura programática a emplear en el proyecto de presupuesto de egresos de la federación 2016 donde establece modificaciones a realizarse, señalando que él se fusionará con el fondo para impulsar la innovación, a efecto de crear un nuevo programa llamado "Programa para el desarrollo de la industria del software y la innovación (S151)", el cual operará conforme a una nueva estructura de reglas de operación (Secretaría de Economía, 2015).

En México se pueden englobar la situación general de la Industria de desarrollo del software con las siguientes características:

- El crecimiento en la industria del software aunque no puede ser calificada de nulo, si es escaso y lento
- No se han desarrollado sistemas operativos, lenguajes o de otros tipos de aplicaciones fuera del carácter académico o experimental
- Prevalecen la industria del desarrollo de software a la medida y distribuidoras de software producidas por terceros
- A pesar del crecimiento que existe de la demanda de trabajos calificados en esta área en todo el mundo, los institutos educativos y de capacitación de México presentan una muy lenta dinámica de adecuación de planes y programas de estudio
- La infraestructura mexicana de telecomunicaciones y de TIC en general presenta un atraso incluso de años con respecto a otros países

(Mochi, 2006).

2.5. El software embebido: desarrollo y futuro.

El desarrollo del SE tiene ciertas situaciones que difieren en el desarrollo de software tradicional:

- fiable,
- limitaciones en recursos de hardware,
- y respuesta en tiempo real

El futuro en materia de software embebido, se contempla a gran escala, prácticamente cualquier objeto inteligente con el cual el humano interactúa tendrá cabida para el este tipo de software. Se visualiza que en un futuro inmediato estos dispositivos serán en proporción de tres por cada habitante del planeta, por lo que es fácil concluir que el campo de estudio y de aplicación será enorme. El impacto de la inclusión de estos dispositivos es enorme ya que están o estarán en todos los sectores: doméstico, defensa, automoción, medicina, comunicaciones, transporte y otros.

“Para Kostas Glinos, director del Programa de Sistemas Integrados del Programa Marco de la Unión Europea, las cifras son asombrosas: se estima que más del 90 por ciento de todos los equipos informáticos se encuentran en sistemas integrados y no en sistemas de sobremesa.” (Fundación México-Estados Unidos para la Ciencia, 2010).

Más impresionante aún es la forma en que los sistemas embebidos aumentan el valor de muchos productos. Por ejemplo, los sistemas integrados representan actualmente el 20 por ciento del valor total de un automóvil medio y en 2009 este valor fue del 36 por ciento. Ese mismo año, la electrónica y el software integrados constituyeron el 22 por ciento del valor de los sistemas de automatización industrial, el 41 por ciento de la electrónica de consumo y el 33 por ciento de los equipos médicos. El índice de crecimiento supera actualmente el 10 por ciento anual en todos los sectores de aplicación y se espera que en 2020 haya más de 40,000 millones de chips integrados en todo el mundo. Los retos relativos al diseño de los sistemas integrados cambian constantemente. Entre estos retos destacan los esfuerzos por conseguir más rendimiento, menores costos y tamaños, mejor administración de la complejidad y la conectividad (Fundación México-Estados Unidos para la Ciencia, 2010).

Es tan significativa esta área de desarrollo de negocios que se prevé que es y será de un gran impacto económico en las sociedades por lo que es importante integrarse en este nuevo mercado de desarrollo (Fundación ASCAMM, 2009).

2.6. Proyectos en México en el área.

México debe integrarse en esta nueva dinámica de desarrollo de software embebido cuyo mercado global está impactando económicamente en muchos aspectos de la sociedad laboral y áreas de investigación, derivado de ello, muchos profesionales en el área han contribuido en su promoción, desarrollo e integración de estas nuevas tecnologías, para muestra se describen solo algunas.

2.6.1.Asociación Mexicana de Software Embebido (AMESE).

Algunos profesores investigadores de la Universidad Autónoma de Querétaro se reunieron y decidieron fundar la Asociación Mexicana de Software Embebido (AMESE), siendo en ese entonces la primera de este tipo en Latinoamérica. La AMESE nace por la necesidad de agrupar el trabajo de software embebido que se desarrolla en México, en el ámbito académico, empresarial y gubernamental, a fin de impulsar una industria nacional. A través de la asociación, se podrán ofrecerse capacitaciones, atender las necesidades de la industria y el gobierno, así como actualizar los planes de estudio de las instituciones formadoras de especialistas en este ramo (Asociación Mexicana de Software Embebido, 2016).

MISIÓN

Impulsar el desarrollo de la Industria del Software Embebido a través de vincular los tres ejes fundamentales del desarrollo: academia, gobierno y sector productivo, siendo un canal para facilitar la implementación de desarrollos tecnológicos, de investigación y formación de recursos humanos.

VISIÓN

Ser un referente en el área de Software Embebido, promoviendo el desarrollo tecnológico e investigación en beneficio del país (Asociación Mexicana de Software Embebido, 2016).

2.6.2. La especialidad en Sistemas Embebidos de la Universidad Jesuita de Guadalajara (ITESO: Instituto Tecnológico y de Estudios Superiores de Occidente), la Maestría en Software Embebido en la Facultad de Informática de la UAQ (Universidad Autónoma de Querétaro) y otras.

El folleto promocional de la Especialidad de Sistemas Embebidos indica que derivado del crecimiento notable de los últimos años en la región de Guadalajara se creó esta especialidad, por lo que el sector académico del país ya reconoce como una necesidad la capacitación en este rubro (ITESO, UNIVERSIDAD JESUITA DE GUADALAJARA, 2016). Cabe hacer mención, que esto es solo un ejemplo ya que existen más escuelas incluso con Maestrías como:

- Maestría en Software Embebido en la Facultad de Informática de la Universidad Autónoma de Querétaro (Facultad de Informática de la Universidad Autónoma de Querétaro, 2016)
- Maestría en Sistemas Embebidos en la Infotec (Centro de Investigación e Innovación en Tecnologías de la Información y Comunicación) de Conacyt (Consejo Nacional de Ciencia y Tecnología) (INFOTEC, 2016)

Debe hacerse especial énfasis que esto es apenas el inicio, porque ya existen miles de dispositivos en uso y en desarrollo y ya se despertó la necesidad de preparar a las futuras generaciones en esta área.

2.6.3. Alianza estratégica para el desarrollo de software embebido para la industria automotriz.

Otro ejemplo pero ahora en el Sector Industrial es la Alianza estratégica constituida por empresas (Continental, Condumex, Visteon y Delphi), así como instituciones privadas sin fines de lucro la FUMEC (Fundación México-Estado Unidos para la ciencia A.C.) y varias instituciones académicas y centros de investigación Centro de Investigación y de Estudios Avanzados (CINVESTAV) Guadalajara, Instituto Tecnológico y de Estudios Superiores de Monterrey (ITESM) Campus Ciudad Juárez y Campus Estado de México, Universidad Autónoma de Querétaro (UAQ), Universidad Autónoma de Ciudad Juárez(UACJ), Escuela Superior de Ingeniería Mecánica y Eléctrica (ESIME) Zacatenco y el Centro de Investigación en Computación del Instituto Politécnico Nacional (CIC IPN).

Donde una de los principales objetivos es implementar/apoyar proyectos en Sistemas de SE y todas sus particularidades (Conacyt: Alianza estratégica para el desarrollo de SE, 2016).

2.6.4. Relevancia del software embebido

Prácticamente en la actualidad ya un sistema embebido que se comunica (aparte de realizar sus propios procesos) y puede enviar-recibir información lo convierte en un sistema inteligente que es la evolución que hoy en día se está generando. Para tener una visión más completa en la siguiente gráfica se hace una comparativa en el crecimiento de las tres principales tecnologías de la información:

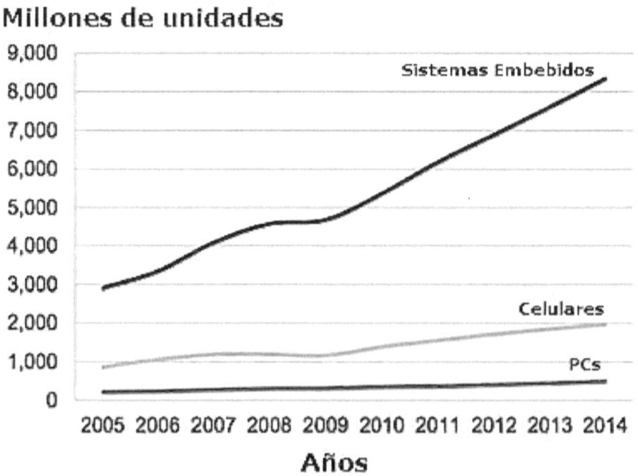

Gráfica 1 Crecimiento de mercado en los últimos años. (Fuente SemanticWeb, 2014)

Se puede notar fácilmente el grado de crecimiento, y por ende como la población en general se está volviendo un usuario común en su entorno. Los datos específicos sería de 1900 millones de computadoras, 2600 millones de teléfonos móviles y 25 000 millones de sistemas embebidos en el mundo para el 2017, es decir casi por cada teléfono móvil se tendrá casi 10 dispositivos con software embebido.(SemanticWeb, 2014)

3. Capacidades regionales

Para llevar a cabo la determinación de capacidades, es importante describir las características de las dos regiones a revisar, así mismo, se enlistan los datos obtenidos de los censos que se obtienen en los institutos que participan en el diagnóstico. También se describe los aspectos socioculturales de la promoción de nuevos empleos, y por el contrario los efectos negativos que suele pasar con el desempleo.

3.1. Breve historia de la ciudad de Chihuahua.

Chihuahua es considerado como un estado moderno, pujante y progresista, con un gran pasado y un paisaje estéticamente plagado de sierras, cascadas y desiertos. Con una extensión prodigiosa de alrededor de 250 mil kilómetros cuadrados, el estado de Chihuahua en México cuenta con el más grande pedazo de tierra de la República Mexicana.

La ciudad de Chihuahua, capital del estado, se caracteriza por su arquitectura colonial y su muy norteamericano estilo de vida. Sin duda se trata de una urbe que cuenta con una moderna infraestructura que tiene los ojos puestos en un futuro seguro a pesar de su ancestral pasado.

Chihuahua se fundó el 12 de octubre de 1709, en 1718 recibió el título de Villa, bajo el nombre de San Felipe de Real de Chihuahua. Finalmente recibió la categoría de ciudad en 1823. Se encuentra a una distancia de 1,450 kilómetros de ciudad de México, D.F., y a 375 kilómetros de ciudad Juárez (Ayuntamiento de Chihuahua, 2016).

3.2. Breve historia de la ciudad de Delicias.

La ciudad de Delicias se ubica en el corazón de la región centro-sur del estado de Chihuahua, a unos 80 kilómetros de la Capital y a sólo 45 min del aeropuerto internacional "Roberto Fierro", siendo su principal acceso la autopista Chihuahua-Delicias. Por su ubicación geográfica, Delicias se convierte en punto de partida de las más extraordinarias experiencias que la región puede ofrecer a sus visitantes. Con poco más de 80 años de vida, Delicias cuenta con una superficie de 335 y un clima semidesértico.

El municipio de Delicias ofrece muchos atractivos lugares de diferentes tipos, como bares, cafés, teatro y museos que enmarcan la efervescencia de una comunidad que por sus características geopolíticas es, además de cruce de tendencias, un fértil campo de producción artística y cultural; así como la posibilidad de encontrarte con la naturaleza, a través de espacios de esparcimiento, conocimiento y recreación al aire libre, además, cuenta con infraestructura hotelera y restaurantera, así mismo, para llevar a cabo convenciones, eventos, exposiciones y mucho más (Gobierno Municipal Delicias, 2016).

3.3. Datos académicos de la Facultad de Ingeniería de la Universidad Autónoma de Chihuahua.

Para hacer una breve descripción de la Facultad de Ingeniería de la UACH se citará textualmente la misión, en donde se puede ver reflejado el quehacer de esta institución: "La Facultad de Ingeniería de la Universidad Autónoma de Chihuahua es una institución de Educación Superior, dedicada a formar profesionales orientados a los más elevados valores humanos, con espíritu capaz de generar, aplicar y transmitir conocimientos científicos y tecnológicos, mediante programas académicos, de investigación, de extensión y difusión, que permitan su acción protegiendo al medio natural, para satisfacer las necesidades de los individuos y de la sociedad, tanto del estado de Chihuahua, como de México." (Facultad de Ingeniería de la Universidad Autónoma de Chihuahua, 2016).

En donde se ofrecen las siguientes licenciaturas:

- Ingeniería Aeroespacial
- Ingeniería Ciencias de la Computación
- Ingeniería Civil
- Ingeniería Física
- Ingeniería Geológica
- Ingeniería Matemática
- Ingeniería de Minas y Metalurgia
- Ingeniería Sistemas de la Computación opción Hardware
- Ingeniería Sistemas Topográficos
- Ingeniería de Software (Modalidad virtual)

- Ingeniería Tecnología de Procesos

Y en posgrado se ofrece:

- Doctorado en Ingeniería
- Maestría en Ciencias Básicas
- Maestría en Ingeniería en Computación
- Maestría en Ingeniería en Estructuras
- Maestría en Ingeniería en Hidrología Subterránea
- Maestría en Ingeniería de Software
- Maestría en Ingeniería en Redes Móviles
- Maestría en Ingeniería en Vías Terrestres (Especialidad en valuación)

(Facultad de Ingeniería de la Universidad Autónoma de Chihuahua, 2016).

3.4. Datos académicos del Instituto Tecnológico de Delicias.

Para hacer la breve descripción de este instituto se hará una referencial textual de la misión: "Formar profesionistas de excelencia en el ámbito de la ciencia y la tecnología, capaces de propiciar el desarrollo y trasformación de su entorno, a través de programas educativos de calidad pertinentes." (Instituto Tecnológico de Delicias, 2016).

La oferta académica del Instituto es:

- Ingeniería Industrial
- Ingeniería Electromecánica
- Licenciatura en Informática
- Ingeniería en Sistemas Computacionales
- Ingeniería en Gestión Empresarial
- Ingeniería en Tecnologías de la Información y Comunicación
- Ingeniería en Energías Renovables

(Instituto Tecnológico de Delicias, 2016).

3.5. Impacto de atraer nuevas unidades de negocio a una región.

Para determinar el gran impacto positivo que puede ocasionar nuevas oportunidades de negocios se desglosará algunos de sus conceptos principales. Aunque algunas opiniones pueden señalar también ciertas cuestiones por decirlas negativas (contaminación ambiental, incluso se puede mencionar "invasión", entre algunas otras), no se mencionan en el presente trabajo de investigación por ser diagnóstico de capacidades regionales para operar o ampliar unidades de negocios de software embebido, que como el nombre lo define, está integrado en dispositivos por lo cual el impacto más fuerte en el ámbito negativo no lo generan directamente estos.

3.5.1. Impacto del desempleo en una región.

El desempleo es un fenómeno económico que puede tener diversos orígenes, tanto estructurales como individuales, así como diversas manifestaciones. (Aparicio, 2006). Como en cualquier sociedad, incluso de las más básicas, el tener una fuente de ingreso es primordial para subsistir en el entorno social, y la más común entre los individuos en la sociedad, es a través de un empleo renumerado.

No importa el concepto que se quiera ofrecer sobre el desempleo, lo importante es que el individuo al obtener ingresos, de manera inmediata se vuelve un ente económicamente activo, además de que se integra a la formalidad de un tejido social que se sustenta en la producción.

Pues bien, por el contrario, el desempleo en una región tiende a generar efectos devastadores, por citar algunos de ellos:

- Violencia
- Robos
- Delincuencia en general

- Emigración
- Drogadicción
- Incluso mortalidad (suicidios)

(Aparicio, 2006).

Como se puede apreciar, estos indicadores son total y completamente negativos para cualquier entorno social, por lo que entonces, toda aquella actividad o instalación de nuevas ofertas posibles de trabajo producen efectos positivos, y disminuyen los negativos (indicadores citados). Derivado de todo esto, se puede concluir que el impacto generado por el desempleo produce consecuencias incluso desastrosas, por lo que aminorarlos es y debe seguir siendo, un compromiso de los dirigentes de una sociedad, llámese gobierno (los tres niveles), sector empresarial o los que tienen la posibilidad de atraer estas oportunidades.

3.5.2. Importancia del desarrollo económico en la región.

De acuerdo con la Organización de las Naciones Unidas (ONU), el desarrollo regional es un proceso de desarrollo nacional a escala regional, que abarca las características económicas, sociales y físicas del cambio de una zona durante un periodo más largo; en donde los aspectos físico-naturales son importantes, aunque son las características económicas las que determinan la configuración de una región. Lo anterior implica que entre mayor sea el atraso económico de un país, más será la influencia negativa de los factores geográficos y físicos en la vida del hombre, así como en la economía y la planeación (Delgadillo, 2008).

El desarrollo de una región se puede traducir como el incremento del bienestar reflejado en los indicadores económicos pero impactando a los indicadores sociales e institucionales, y esto que es de escala regional, a su vez hace eco a nivel nacional (Rosales, 2010).

Siempre el desarrollo económico es un crecimiento no solo de entes gubernamentales o del sector empresarial (chicos o grandes) si no que los individuos que participan en este crecimiento se ven positivamente afectados.

3.5.3.Creación de empleos y nuevas ofertas laborales.

Un verdadero y gran estímulo en el crecimiento económico, social y porque no decirlo, hasta psicológico en una región es la apertura de nuevas oportunidades laborales. Sin lugar a dudas las nuevas empresas, crean empleos. Incluso nuevas ofertas que antes no existían localmente. Esto posibilita que se tenga un crecimiento sostenible, y puede incentivar la ampliación de mercados. Estas oportunidades permiten afianzar a los ciudadanos en estas regiones, incluso puede motivar a que personas de fuera de la región migren en busca de estas oportunidades.

Lo que sí es un hecho es que el sector productivo de la localidad constantemente está realizando convenios con diversos institutos, colegios, centros de capacitación entre otros, para la capacitación específica para así, estar generando mano de obra calificada para sus ofertas laborales, por ejemplo, en esta nota periodística se describe uno de tantos ejemplos de este tipo de convenios:

> "A fin de revisar el Modelo Mexicano de Formación Dual que funciona en la entidad a través de la oferta educativa del CONALEP, los titulares de la Secretaría de Economía y la Secretaría de Educación, Cultura y Deporte, Manuel Russek Valles y Pablo Espinoza Flores, se reunieron con funcionarios de COPARMEX y de la SEP, en un acercamiento encaminado a sumar esfuerzos para continuar fortaleciendo este programa. Este modelo, recientemente incorporado en el mapa curricular del CONALEP, se basa en una estrategia gestada en Alemania que busca incorporar a los jóvenes estudiantes a los contextos laborales

desde sus años de estudio, tomando como laboratorios de prácticas los espacios reales de trabajo, que son las empresas que le abren sus puertas a esta innovadora iniciativa" (Coordinación Estatal de Ciencia, Tecnología y Conocimiento de Gobierno del Estado de Chihuahua, 2015).

Citando este artículo solo como un ejemplo de muchos. Desde el punto de vista académico, esto crea una reflexión entre la sociedad en general, sobre todo en los jóvenes y los padres de estos, en invertir en su educación, paralelamente con el crecimiento laboral viene el crecimiento académico.

3.5.4. Impacto socio-económico general de un proyecto en el área de las Tecnologías de la Información.

Como se planteó, es importante el crecimiento económico de la región por todo lo expresado, pero enfocándose de manera particular al rubro de las TIC (Tecnología de la Información y Comunicaciones), es un hecho que la nueva sociedad está involucrada en los cambios propiciados por la denominada "economía digital" y "sociedad digital", es ya una necesidad el dominio de estas tecnologías. Hace algunas décadas se decía que, si no se sabía leer o escribir se era un ignorante, y la región de Chihuahua se le incluyo posteriormente que además se debía saber inglés (por la cercanía con los Estados Unidos). Sin embargo, ya en los últimos años, se incluye que debe manejar un equipo de cómputo, por la nueva época que se vive. Pero bien, desde el punto de vista de las autoridades gubernamentales esto ha sido claro, por lo que ha realizado diversas actividades para que la sociedad en general no se vea ajeno a estos cambios, por ejemplo, a nivel federal se han realizado diversas actividades para que la sociedad en general tenga acceso a estas tecnologías. La competitividad de un país y el papel en el orden mundial ya dependen en muy buena medida de la presencia de su sociedad (educativa, económica, laboral, etc.) en la "sociedad informática mundial", es decir, la nueva era digital.

Todos los ámbitos, tanto económicos como sociales, educativos y culturales, son partícipes de los efectos del desarrollo de las TIC. La innovación y posterior implantación de las nuevas tecnologías constituye un factor estratégico para mejorar la competitividad empresarial, impulsar el crecimiento económico y lograr una mayor creación de empleo. Para tener un punto de análisis se cita el siguiente texto:

> "Así como las TI son una pieza clave en la economía mundial, el software juega un papel importante en el fenómeno de la industria de las TI. El software empaquetado (sistemas operativos, aplicaciones, herramientas, etc.) representa el 21% del total de gasto en TI. Se ha estimado que por cada dólar de los paquetes de software vendido, hay otros $1.25 en los ingresos que se destina a las empresas de servicios y distribución de TI. Muchos de esos ingresos se destinan a crear el empleo.
>
> De la importancia del software en la economía de las TI se desprende que el gasto en software crece más rápido que el gasto en TI, concretamente un 7.9% de 2007 a 2011 en comparación con el 6.1% en TI. De los 7.1 millones de nuevos trabajos, el software se lleva un 60%, es decir, 4.6 millones de puestos de trabajo. De los 4.6 millones de nuevos puestos de trabajo relacionados con el software, 1.2 millones se ubican en Brasil, Rusia, India, China y México (BRICM) y casi otro millón en las economías emergentes en el resto del mundo" (Costanzo, 2008).

Esto permite ver ~~a~~ "*grosso modo*" como es, y seguirá siendo la nueva área de oportunidad el estar a la par del crecimiento mundial en la generación de proyectos de TIC. Y aunado a todo ello, se cuenta con la virtualización y el trabajo colaborativo a distancia, que permite presencia virtual, y no requiere la presencia física de las personas y esto permite una gran capacidad de mano de obra a distancia, no importando el o los lugares tanto del centro de trabajo como del trabajador (Teletrabajadores/Teletrabajo).

3.6. Aspectos de capacitación de la ciudad de Chihuahua y ciudad Delicias para soporte.

La capacitación en cualquier ámbito de vida de las personas es de vital importancia para muchos aspectos, ya que contribuye al desarrollo personal y profesional de los individuos y estos se reflejan en su agrupación o sociedad en general. En especial, estas dos ciudades del estado de Chihuahua, no son ajenas a las actividades propias de capacitación en varios rubros, y prácticamente a cualquier grupo, conjunto de individuos o incluso de manera particular ofrece capacitaciones. Como se mencionó en puntos anteriores, a la fecha se siguen signando convenios de capacitación, así como de especialización, y adecuación de planes de estudio.

En la página de la Secretaría de Educación, Cultura y Deporte del Estado de Chihuahua indican: "Con los más de 400 convenios de colaboración con el sector empresarial, los egresados con perfil tecnológico se integran de forma inmediata al área laboral productiva. El número de técnicos, ingenieros o licenciados en carreras tecnológicas egresados al año es de 24 mil 100 personas. De 2011 a 2020 habrán egresado 216 mil 900 personas con este perfil." (Secretaría de Educación, Cultura y Deporte, 2016).

Esto provee un panorama general del estado que guarda la capacitación de manera general en la región de Chihuahua.

3.7. El futuro.

Como parte productivamente activa la región de Chihuahua se ve inmersa en el mercado global nacional, y siempre será así. Y a su vez, debe formar parte del mercado global, y más por estar en la frontera con uno de los países más desarrollados y que económicamente es una potencia, los Estado Unidos. Y esta participación presente, siempre tiende a planear y visualizar el futuro sobretodo en el dinamismo tecnológico de la nueva época de las tecnologías de la información y comunicaciones.

3.7.1.La globalización de Chihuahua.

El estado de Chihuahua tuvo dos grandes escenarios laborales: el primero que prevaleció en los años setenta en las medianas y grandes empresas tradicionales locales, como las mineras, la siderurgia y la textil, se distinguió por la existencia de conflictos de intereses que llevaron a la polarización social y en varios casos al cierre de empresas; otro, de los años ochenta en delante, marcado por las pautas de negociación de las industrias maquiladoras. El nuevo tipo de trabajadores y trabajadoras de estas plantas, aunque no es homogéneo, ofrece varios rasgos singulares. (Alba, 2015).

Ciudad Juárez se caracteriza por una población altamente migrante, y la cercanía con los Estados unidos, lo hace un sector altamente maquilador, y esto lo convierte en un punto focal no solo nacional, sino internacional, lo cual permite que estas fuerzas laborarles queden enmarcadas en la globalidad, ya que prácticamente todas las empresas maquiladoras son de índole mundial.

Aunado a lo anterior, por ser un estado que hace frontera con unos de los líderes de los mercados mundiales como lo es los Estados Unidos, esto permite ser incluido en la globalización por su geolocalización. También es importante hace énfasis en los Tratados de Libre Comercio y Acuerdos que México ha firmado desde que ingresó al GATT (Acuerdo General sobre Comercio y Aranceles, por sus siglas en inglés). Entre los tratados que México ha firmado destacan el Tratado de Libre Comercio de América del Norte (TLCAN), el Tratado de Libre Comercio con la Unión Europea y el Acuerdo

Latinoamericano de Integración (ALADI), y estos incluyen al estado de Chihuahua como parte de los Estados Unidos Mexicanos. Pero existen más convenios y tratados que hacen que México se vea más inmerso en la globalización y por consecuencia la región de Chihuahua. (ProMéxico, 2016).

3.7.2.Nuevas oportunidades.

El atraer una nueva unidad de negocio es el "parte aguas" para que la región de Chihuahua "levante la mano" en el mundo como un semillero de académicos, estudiosos, y porque no, de talentos para poder cubrir debidamente las vacantes en las áreas de las TI. Pero bien, las nuevas oportunidades no solo se limitan a que las empresas tengan que abrir espacios físicos, arrendar o comprar lugar en esta región, no necesariamente, ya las nuevas tecnologías permiten abrir las plataformas virtuales de trabajo colaborativo, es decir, el Teletrabajo/Teletrabajadores, con lo cual el espectro laboral de ofertas y demanda se amplía exponencialmente por todo el mundo, sin embargo, de manera particular la presencia del ejemplo de la empresa motivo de la investigación del presente trabajo, permite hacer patente la necesidad de formar en este ámbito, y de que los próximos alumnos a egresar tienen y tendrán oportunidades.

Con esto se presentan ventajas, por citar algunos de ellos: flexibilidad para organizar la jornada de trabajo, no se requiere presencia física del trabajador, e incluso se pueden aplicar las obligaciones y derechos del país de residencia del trabajador, la desventaja puede darse en el factor tecnológico en el que cual se depende de las conexiones (o incluso se depende del proveedor de internet) por lo cual en caso de fallo se pone en riesgo la continuidad de los trabajos a realizar

Marco conceptual:

UNIDAD DE NEGOCIO:

Es un conjunto de actividades o negocios homogéneo desde un punto de vista estratégico, es decir, para el cual es posible formular una estrategia común y a su vez diferente de la estrategia adecuada para otras actividades y/o unidades estratégicas. La estrategia de cada unidad es así autónoma, si bien no independiente de las demás unidades de negocio puesto que se integran en la estrategia de la empresa.

SOFTWARE:

"Se entiende por programa de computación (software) la expresión original en cualquier forma, lenguaje o código, de un conjunto de instrucciones que, con una secuencia, estructura y organización determinada, tiene como propósito que una computadora o dispositivo realice una tarea o función específica."
(Congreso de los Estados Unidos Mexicanos, 2016).

SOFTWARE EMBEBIDO:

Es el procesamiento de información que está integrado con procesos físicos, otra definición, es software que se ejecuta en dispositivos distintos de una computadora personal o un servidor de cómputo (Obregón, 2007).

IV. CRITERIOS METODOLÓGICOS

Naturaleza de la investigación.

La naturaleza de la investigación fue cualitativa ya que se realiza un diagnóstico de capacidades de recursos humanos donde se determina si la región de la ciudad de Chihuahua y Delicias son aptas para establecer nuevas unidades de negocio basadas en el desarrollo de software, y de manera específica el caso de software embebido. Se recopilaron datos numéricos basados en un censo y donde se realizó el análisis de los mismos, se hizo revisiones de tipo social, basados en costumbres, ideas culturales y laborales, estableciendo criterios de representatividad estructural: principales elementos estructurales sociales como lo son los mismos programadores, profesionales de las tecnologías de la información, las áreas educativas y laborales en esta rama, etc. Para resumir, se define si la región de Chihuahua y Delicias tiene la cualidad para estar en posición de establecer nuevas empresas en el área de desarrollo de software embebido en base a un diagnóstico revisando las capacidades de recurso humano calificado y en vías de ser capacitado en los institutos basados en la presente investigación.

Tipo de investigación.

De tipo aplicada, ya que la investigación pretende en base a la primicia: ¿Es viable establecer en la región nuevas unidades de negocio en el área de desarrollo e implementación de software embebido?, derivado de lo anterior se identifica una posible viabilidad y capacidad a futuro. Además de que permite visualizar el campo de aplicación en el área de desarrollo e implementación de software.

Carácter de la investigación.

El carácter de la investigación fue no experimental, ya que solo se midieron los datos, se analizaron los hechos, no existió manipulación por parte del investigador, ni de los datos ni variables de estudio, ya que se trabajó sobre situaciones ya existentes, y en base a los resultados se realizan los análisis estadísticos y proyecciones a futuro.

Forma de la investigación.

La forma fue explicativa ya que las variables que fueron producto de evaluación en el presente trabajo de investigación, están estrechamente relacionadas para poder probar la hipótesis general, siendo de hecho, las causas-efecto de esta relación, donde fue confirmada la hipótesis general, y es precisamente en la explicación de esta relación la que fundamenta el eje central de este diagnóstico.

Diseño de la investigación.

El diseño fue no experimental transeccional descriptivo: no experimental por que la posición del investigador fue completamente al margen de las variables ya que son producto de datos de fuentes académicas y del sector laboral. Transeccional porque esta investigación generó un diagnóstico, que fue una evaluación en un tiempo específico para el primer trimestre del año 2016, pero incluyendo una proyección, otorgando un panorama actual del estatus que se tiene en la región y que sirve para el presente y futuro. Y fue descriptivo porque detalló y medió la relación entre las variables, y se indago como estas determinaron que la hipótesis fue verdadera, describiendo la incidencia de estos.

Método de la investigación.

El método fue de recopilación de datos fue en base a la medición de los indicadores que fueron generados por los Institutos y organizaciones participantes. Una vez que se obtuvieron los datos se procede al análisis donde se determina la proyección a futuro de mano de obra calificada, profesionales con perfiles para capacitar y centros de capacitación que se adecúen a las necesidades de las empresas para determinadas tareas o desarrollos específicos.

La parte conceptual del método fue Analítico- Sintético e Inductivo. Se estudiaron los datos con un muestreo: hay alumnos en preparación, personal calificado para preparar a futuros profesionales, existen centros de capacitación. Por lo que partiendo de la descomposición del objeto de estudio en cada una de sus partes específicas para estudiarlas en forma individual (haciendo un análisis) y luego se integran dichas partes para estudiarlas de manera integral (síntesis), y poder realizar el diagnóstico. La propuesta, en su etapa operativa, se apegó al método inductivo, donde se generaron resultados a partir de una situación particular y éstos tendrán la posibilidad de generalizarse para toda la región de Chihuahua.

Parte procedimental.

Dentro de la parte procedimental se tiene que los procedimientos fueron para ambos objetivos particulares los de investigación-acción y muestras.

Técnicas específicas de recolección y análisis.

Las técnicas específicas de recolección y análisis de la información utilizadas se describen en el siguiente cuadro, ordenadas según los objetivos específicos:

Identificar si existen centros educativos que puedan aportar recursos humanos con capacidades para cubrir los puestos de las empresas establecidas o por establecerse.

Procedimiento	Técnica de recolección y análisis de la información
Objetivo específico: Identificar si existe actualmente talento humano con el perfil profesional para desarrollar software embebido en la región.	
Estudios de casos	Análisis Cuantitativo (obtener datos de centros educativos y empresa), aunque se inicia con una revisión Cuantitativa al hacer el análisis esta se orienta a lo cualitativo
Investigación-Acción	Observación y análisis cualitativo
Muestras	Más que muestras, se obtuvo un censo obteniendo los datos correspondientes para identificar el personal con perfil profesional en el área.
Objetivo específico: Identificar si existen centros educativos que puedan aportar recursos humanos con capacidades para cubrir los puestos de las empresas establecidas o por establecerse.	
Estudios de casos	Análisis Cuantitativo (obtener datos de centros educativos y empresa), aunque se inicia con una revisión Cuantitativa al hacer el análisis esta se orienta a lo cualitativo
Investigación-Acción	Observación y análisis cualitativo
Muestras	Más que muestras, se obtuvo un censo obteniendo los datos correspondientes para identificar el personal con perfil profesional en el área que se encuentre en formación, y con ello determinar si es un centro educativo que aportará recursos humanos en el área

Cuadro 1: Procedimiento y Técnicas de recolección y análisis de la información

Con estos datos se realizó el análisis y la evaluación de los mismos y se pudo establecer la viabilidad producto del diagnóstico de una manera objetiva y fiable.

Modo de la investigación.

El modo de la investigación fue de campo (empíricas) ya que el estudio se hizo en el ambiente donde se generan las variables de estudio (individuos en formación y profesionales), así como las entidades de desarrollo (centros educativos con los perfiles).

Lugar y fecha de la investigación.

El trabajo de investigación se realizó en la ciudad de Chihuahua, y en la ciudad de Delicias, ambas ciudades en el Estado de Chihuahua, entre los meses de octubre del 2015 a marzo del 2016.

Población de interés.

La población de interés con la que se trabajó fue con individuos con el perfil profesional en el área de las Tecnologías de la Información y Comunicaciones, ya sea en formación para el objetivo de estar en posición de identificar si existen centros educativos que puedan aportar recursos humanos con capacidades para cubrir los puestos de las empresas establecidas o por establecerse, o que ya estén integrados en el campo para aplicar en el objetivo de identificar si existe actualmente talento humano con el perfil profesional para desarrollar software embebido en la región.

Unidad de análisis.

La unidad de análisis fue de manera particular la Facultad de Ingeniería de la Universidad Autónoma de Chihuahua con los estudiantes de las carreras a nivel de Pregrado y de Posgrado así como sus catedráticos e investigadores, todos con un perfil que puedan estar en posibilidades de aportar o trabajar en el área de desarrollo e implementación del software embebido. También en base al mismo criterio se tomaron los datos de los estudiantes, catedráticos e investigadores del Instituto Tecnológico de Delicias, ya que esta población académica cuenta con las características para integrarse en este campo, permitiendo realizar el diagnostico.

En base a lo anterior se establece las siguientes poblaciones como la unidad de análisis:

- De la Facultad de Ingeniería (UACH):
    - Alumnos de la carrera de Ingeniería en Sistemas Computacionales (Pregrado)
    - Alumnos de la carrera de Ingeniería en Software (Pregrado)
    - Alumnos de la carrera de Maestría en Ingeniería en Computación (Posgrado)
    - Alumnos de la carrera de Maestría en Ingeniería en Redes Móviles (Posgrado)
    - Profesorado a nivel pregrado
    - Profesorado a nivel posgrado
- Del Instituto Tecnológico de Delicias:
    - Alumnos de la carrera de Ingeniería en Sistemas Computacionales (Pregrado)
    - Alumnos de la carrera de Ingeniería en Tecnología de la Información y Comunicaciones (Pregrado)
    - Alumnos de la carrera de Ingeniería en Electromecánica (Pregrado)
    - Profesorado en el área

En base a estar información se podrá identificar de los individuos que tengan estas características, y se podrá tener una selección bien definida de la muestra.

Tipo de muestreo.

El tipo de muestreo fue "No Probabilístico", ya que basados en las características de la unidad de análisis se determinó la selección de la muestra por ser los sujetos voluntarios que participaron en el proyecto de investigación, para los dos principales objetivos de la presente investigación

Tamaño de la muestra.

El tamaño de la muestra fue determinado con el tipo de muestreo no probabilístico, precisamente las investigaciones de tipo cualitativa trabajan por lo general en este tipo de muestreo. Aunque el tamaño de la muestra de esta investigación es un grupo finito y bien definido (dos instituciones representativas una en cada ciudad), esto permite la generalización. De manera concreta el tamaño de la muestra queda descrita de la siguiente manera:

Facultad de Ingeniería: 2 carreras de licenciatura y 2 carreras en posgrado, tanto población estudiantil como profesorado.

Instituto Tecnológico de Delicias: 3 carreras de licenciatura tanto población estudiantil como profesorado.

Selección de la muestra.

La selección de la muestra basados en el tipo de muestreo No Probabilístico, y en que de manera voluntaria forman parte de esta investigación el muestreo es por Sujetos Voluntarios, y esto, en función de los objetivos del presente estudio, permite una generalización.

Variable del estudio.

La variable del estudio que se evaluó fue:

La determinación de capacidades de suministro de mano de obra calificada para establecer en la región empresas del área de desarrollo de software embebido.

Recolección de datos.

La recolección de datos se realizó mediante una encuesta en un formato en el cual se concentra la información, esta se entregó a las personas encargadas de los datos escolares en los institutos. Esta información se capturo en una hoja de cálculo electrónica (Cédula de captura). También se utilizó la entrevista aplicándose a algunos expertos y conocedores del área. Además, en las pláticas a las cuales asistió el investigador tomo notas en libreta de campo.

Indicadores descriptivos de la variable.

Los indicadores que describen a la variable fueron básicamente cinco, los cuales arrojan algunos parámetros que indican la viabilidad y permiten la determinación de la variable del presente estudio, por lo que describiéndolas son:

- Perfiles profesionales requeridos para el desarrollo de software embebido
- Centros educativos que generen profesionistas en el ramo
- Población escolar: ingreso-egreso de estudiantes en el área
- Población académica (profesorado) en el área
- Viabilidad técnica-operativa de nuevas unidades de negocio en el área

En la siguiente sección se describe como aplican operativamente medidas/evaluadas cada una de las variables.

Codificación de la información.

La codificación de la información se realizó mediante la recopilación de los datos en los formatos descritos en los instrumentos, donde finalmente se capturaron en una hoja electrónica de cálculo. Los datos que permitieron el análisis e interpretación se reflejan en el siguiente formato para recopilar la información de la población estudiantil por carrera:

Estudio para determinar las capacidades regionales del desarrollo de software embebido									
Centro Educativo:	FACULTAD DE INGENIERÍA DE LA UNIVERSIDAD AUTONOMA DE CHIHUAHUA								
Nombre de la Carrera:	MAESTRÍA EN INGENIERÍA EN COMPUTACIÓN.								
Nivel: ( ) Pregrado (X) Posgrado ( ) Doctorado ( ) Otro, especifique:									
Duración de la Carrera *(Indique si es por semestre, trimestre, años, etc.)*	**4 Semestres**			**Fecha de elaboración:**			***20-sep-15***		
Indicadores				2013		2014		2015	
				Hombres	*Mujeres*	*Hombres*	*Mujeres*	*Hombres*	*Mujeres*
Cantidad de alumnos que se inscribieron:				8	4	13	2	9	1
Cantidad de alumnos que terminaron:								8	3
Eficiencia terminal								100%	75%
Número de equipos asignados a la carrera (Indicar cuantos equipos Pcs, laptops, etc.tienen como apoyo a la carrera)				30		30		30	
Periodo	1	2	3	4	5	6	7	8	9
Población Estudiantil por periodo lectivo escolar	7	12	16	26	25	25			
	ene jun 13	ago dic 13	ene jun 14	ago dic 14	ene jun 15	ago dic 15			

Notas:

Llenar un formato por cada carrera

En la población estudiantil por periodo escolar puede ser no factible tener los datos por alumnos que llevan materias de diversos periodos

Figura 2: Formato Datos del Plan de estudio

Los datos que se obtienen en este formato son

- Centro educativo: lugar de donde se levanta la información
- Nombre de la carrera: el plan de estudios a quien corresponde la información
- Nivel: a que grado corresponde el plan de estudios
- Duración de la carrera: tiempo previsto de duración normal de la carrera pueden estar determinado por semestre, cuatrimestre o incluso anual según sea el caso.

- Fecha de elaboración: Es importante definir el periodo en el que se levanta la información ya que los datos cambian periodo a periodo
- Indicadores: En esta columna se engloban los principales indicadores del plan de estudio, estos son los que de manera más concreta permitieron el análisis, y se componen de:
    - Cantidad de alumnos que se inscribieron
    - Cantidad de alumnos que terminaron
    - Eficiencia terminal
    - Números de equipos de cómputo asignados a la carrera
    - Periodos (los periodos lectivos de tiempo para cada determinar la población)
    - Población estudiantil por periodo lectivo escolar
    - Las fechas de los periodos

En el siguiente formato se codificó la información del profesorado, siendo la siguiente:

Centro Educativo:	PROFESORADO A NIVEL PREGRADO FACULTAD DE INGENIERÍA DE LA UACH		
Nombre del Docente	**Pregrado**	**Posgrado(s)**	**Doctorado**
FERNANDO MARTINEZ REYES	Ingerniería electrónica	Ciencias de la Electrónica	Doctorado en Ciencias de la Computación
CLAUDIA GEORGINA NAVA DINO	Ingenieria en Sistemas Computacionales en Software	Ciencias de la Electrónica	Doctorado en Materiales
LUIS CARLOS GONZALEZ GURROLA	Ingenieria en Sistemas Computacionales	Ciencias de la Computación	Tecnologias de la información
OSCAR BELTRÁN GOMEZ	Ingenieria en Sistemas Computacionales	Sistemas Computacionales	
JESÚS MANUEL MUÑOZ LARGUERO	Ingenieria en Sistemas Computacionales en Hardware		
RAUL ALFREDO JIMENEZ LOZANO	Ingenieria en Sistemas Computacionales en Hardware	Sistemas Computacionales	
JOSE ACOSTA CANO DE LOS RIOS	Ingeniero Industrial en Electrónica	Ciencias de la Electrónica	
ANA YAHAIRA MUÑOZ GAMBOA	Ingenieria Electrónica	Ciencias de la Electrónica	

Figura 3: Formato A Datos del profesorado

Centro Educativo:	PROFESORADO A NIVEL PREGRADO FACULTAD DE INGENIERÍA DE LA UACH		
Nombre del Docente	Lineas de Investigación	Materia(s)	Años de Experiencia
FERNANDO MARTINEZ REYES	Computación ubicua, móvil	Proyectos Profesionales I y II	17
CLAUDIA GEORGINA NAVA DINO	Materiales, cómputación en general	Electricidad y magnetismo, Ingeniería aplicada a protyectos I y II	8
LUIS CARLOS GONZALEZ GURROLA	Inteligencia Artificial	Sistemas Inteligentes	4
OSCAR BELTRÁN GOMEZ	Computación en general	Lenguajes de programación, Desarrollo de plataformas web, Desarrollo de plaicaciones moviles	5
JESÚS MANUEL MUÑOZ LARGUERO	Interfaces electronicas, carritos seguidores de linea	Circuitos logicos II, Microprocesadores, Interfaces Electronicas	3
RAUL ALFREDO JIMENEZ LOZANO	Electrónica en general, programacion PLD's	Circuitos electronicos, arquitectura de computadoras, Circuitos logicos I	8
JOSE ACOSTA CANO DE LOS RIOS	Automatización	Proyectos Profesionales I y II	29
ANA YAHAIRA MUÑOZ GAMBOA	Electrónica en general	Analisis de circuitos Electricos I y II	6

Figura 4: Formato B Datos del profesorado

La descripción de los datos recopilados en el formato es:

- El primer recuadro describe los datos del centro educativo y el nivel en el que el profesorado trabaja.
- Fecha de elaboración: para definir cuándo se levantó los datos
- Nombre del docente
- Pregrado: cual licenciatura tiene el docente en mención
- Posgrado: cual posgrado tiene el docente
- Doctorado: que doctorado tiene el docente
- Líneas de investigación
- Materias: que clases imparte el docente
- Años de experiencia

Estos datos permitieron visualizar el grado de especialización de los docentes activos en los planes y programas de estudio afines.

Análisis e interpretación de la información.

El análisis e interpretación de la información se hizo a través de una estadística inferencial donde a partir de los datos poblacionales (alumnos-profesores) se harán las proyecciones para obtener la información en general de las posibilidades de crecimiento de los profesionistas en el área. Para ello, dentro del análisis estadísticos se determinará la eficiencia terminal (cuantos ingresan contra cuantos egresan) para obtener la información en cuanto al crecimiento y suministros de mano de obra calificada. Esto permitió determinar la relación de las variables específicas para poder determinar y hace el diagnóstico de la variable general, con estos cálculos se obtuvieron las conclusiones de la población en general a partir de un muestreo aleatorio, es decir, deducir de una muestra las características generales de la población tanto de la ciudad de Chihuahua como la de la ciudad de Delicias.

Cuadro resumen del diseño y criterios metodológicos de la investigación.

En el siguiente cuadro se resume el diseño de la investigación, así como algunos de los criterios metodológicos

<table>
<tr><th>Característica</th><th>Descripción</th></tr>
<tr><td>Naturaleza de la investigación</td><td>Cualitativa</td></tr>
<tr><td>Tipo de investigación</td><td>Aplicada</td></tr>
<tr><td>Carácter</td><td>No Experimental</td></tr>
<tr><td>Forma</td><td>Tipo explicativa</td></tr>
<tr><td>Diseño de la investigación</td><td>No experimental
Transeccional
Descriptivo</td></tr>
<tr><td>Método: parte conceptual</td><td>Inductivo, Analítico-sintético</td></tr>
<tr><td>Método: parte procedimental</td><td>Etnográficos
Estudios de caso
Investigación-acción
Muestras</td></tr>
<tr><td>Método: técnicas especificas</td><td>
<table>
<tr><th>Procedimiento</th><th>Técnica de recolección y análisis de la información</th></tr>
<tr><td colspan="2">Objetivo específico: Identificar si existe actualmente talento humano con el perfil profesional para desarrollar software embebido en la región.</td></tr>
<tr><td>Estudios de casos</td><td>Análisis Cuantitativo (obtener datos de centros educativos y empresa), aunque se inicia con una revisión</td></tr>
</table>
</td></tr>
</table>

		Cuantitativa al hacer el análisis esta se orienta a lo cualitativo
	Investigación-Acción	Observación y análisis cualitativo
	Muestras	Más que muestras, se obtuvo un censo obteniendo los datos correspondientes para identificar el personal con perfil profesional en el área.
	Objetivo específico: Identificar si existen centros educativos que puedan aportar recursos humanos con capacidades para cubrir los puestos de las empresas establecidas o por establecerse.	
	Estudios de casos	Análisis Cuantitativo (obtener datos de centros educativos y empresa), aunque se inicia con una revisión Cuantitativa al hacer el análisis esta se orienta a lo cualitativo
	Investigación-Acción	Observación y análisis cualitativo
	Muestras	Más que muestras, se obtuvo un censo

		obteniendo los datos correspondientes para identificar el personal con perfil profesional en el área que se encuentre en formación, y con ello determinar si es un centro educativo que aportará recursos humanos en el área
Modo de la investigación	De campo (empíricas)	
Lugar y fecha	Ciudad de Chihuahua y la ciudad de Delicias de octubre del 2015 a marzo del 2016	
Población de interés	Individuos con el perfil profesional en el área de las Tecnologías de la Información y Comunicaciones	
Censo de la Facultad de Ingeniería de la Universidad Autónoma de Chihuahua y del Instituto Tecnológico de Delicias	Las bases de datos de la Facultad de Ingeniería de la Universidad Autónoma de Chihuahua (para el estudio de las variables de la ciudad de Chihuahua) y las bases de datos del Instituto Tecnológico de Delicias (para el estudio de las variables de la ciudad de Delicias).	
Unidad de análisis	Facultad de ingeniería de la UACH para la ciudad de Chihuahua y el Instituto Tecnológico de Delicias para la ciudad de Delicias, población académica alumnado-profesorado	
Tipo de muestreo	No Probabilístico	

Variable del estudio	La determinación de capacidades de suministro de mano de obra calificada para establecer en la región empresas del área de desarrollo de software embebido.
Indicadores descriptivos de la variable	• Perfiles profesionales requeridos para el desarrollo de software embebido • Centros educativos que generen profesionistas en el ramo • Población escolar: ingreso-egreso de estudiantes en el área • Población académica (profesorado) en el área
Recolección de datos	Encuesta-entrevista Captura hoja de calculo
Posición del investigador	Perspectiva, al margen de los datos, observación y análisis estadístico
Tipos de datos	Numéricos, cuantificables, proyecciones estadísticas para generar información cualitativa

Cuadro 2: Cuadro resumen del diseño y criterios metodológicos.

V. ANÁLISIS DE LOS RESULTADOS

El presente diagnóstico de capacidades regionales, motivo de esta investigación, permite visualizar de manera general la posiblidad de expandir las oportunidades laborales profesionales en la ciudad de Chihuahua y en la ciudad de Delicias.

Este análisis, aunque basado en un censo de dos de las principales escuelas, permite partir de una estadística descriptiva para crear una proyección, ya que al tomar solo un centro educativo por ciudad, y saber que existen mas con las mismas características permiten potenciar los resultados, pero por motivo de que este es un diagnóstico es suficiente con la población seleccionada.

Datos de la Facultad de Ingeniería de la Universidad Autónoma de Chihuahua.

Datos estudiantes a nivel pregrado con perfil en el área.

Los datos fueron proporcionados por la M.I. Patricia Rivas Llanas, coordinadora de las licenciaturas en Ingeniería en Sistemas Computacionales de la Facultad de Ingeniería de la Universidad Autónoma de Chihuahua recuperados durante el mes de septiembre-octubre del 2015 que se resumen los siguientes cuadros:

<table>
<tr><td>Centro Educativo:</td><td colspan="5">FACULTAD DE INGENIERIA DE LA UACH</td></tr>
<tr><td>Nombre de la Carrera:</td><td colspan="5">INGENIERÍA EN SISTEMAS COMPUTACIONALES EN HARDWARE</td></tr>
<tr><td colspan="2">Nivel: (X) Pregrado ( ) Posgrado ( ) Doctorado ( ) Otro, especifique:</td><td colspan="4"></td></tr>
<tr><td>Duración de la Carrera
(Indique si es por semestre, trimestre, años, etc.)</td><td>9 semestres</td><td colspan="4">Fecha de elaboración: 14/10/2015</td></tr>
<tr><td colspan="2" rowspan="3">Indicadores</td><td colspan="4">2013</td></tr>
<tr><td>ENE-JUN</td><td>AGO-DIC</td><td>ENE-JUN</td><td>AGO-DIC</td></tr>
<tr><td>Hombres</td><td>Hombres</td><td>Muejeres</td><td>Mujeres</td></tr>
<tr><td colspan="2">Cantidad de alumnos que se inscribieron:</td><td>221</td><td>224</td><td>49</td><td>49</td></tr>
<tr><td colspan="2">Cantidad de alumnos que terminaron:</td><td colspan="2">34</td><td colspan="2">7</td></tr>
<tr><td colspan="2">Eficiencia terminal</td><td></td><td></td><td></td><td></td></tr>
<tr><td colspan="2">Número de equipos asignados a la carrera
(Indicar cuantos equipos Pcs, laptops, etc.tienen como apoyo a la carrera)</td><td colspan="4">320</td></tr>
</table>

Cuadro 3: Datos de los Alumnos de Pregrado de la carrera de Ingeniería en Sistemas Computacionales en Hardware del periodo 2013.

Centro Educativo:	FACULTAD DE INGENIERIA DE LA UACH			
Nombre de la Carrera:	INGENIERÍA EN SISTEMAS COMPUTACIONALES EN HARDWARE			
Nivel: (X) Pregrado ( ) Posgrado ( ) Doctorado ( ) Otro, especifique:				
Duración de la Carrera (*Indique si es por semestre, trimestre, años, etc.*)	**9 semestres**	**Fecha de elaboración: 14/10/2015**		
Indicadores	2014			
	ENE-JUN	AGO-DIC	ENE-JUN	AGO-DIC
	Hombres	*Hombres*	*Muejeres*	*Mujeres*
Cantidad de alumnos que se inscribieron:	131	184	23	37
Cantidad de alumnos que terminaron:	52		8	
Eficiencia terminal				
Número de equipos asignados a la carrera (Indicar cuantos equipos Pcs, laptops, etc.tienen como apoyo a la carrera)	325			

Cuadro 4: Datos de los Alumnos de Pregrado de la carrera de Ingeniería en Sistemas Computacionales en Hardware del periodo 2014.

Centro Educativo:	FACULTAD DE INGENIERIA DE LA UACH			
Nombre de la Carrera:	INGENIERÍA EN SISTEMAS COMPUTACIONALES EN HARDWARE			
Nivel: (X) Pregrado ( ) Posgrado ( ) Doctorado ( ) Otro, especifique:				
Duración de la Carrera (*Indique si es por semestre, trimestre, años, etc.*)	**9 semestres**	**Fecha de elaboración: 14/10/2015**		
Indicadores	2015			
	ENE-JUN	AGO-DIC	ENE-JUN	AGO-DIC
	Hombres	*Hombres*	*Mujeres*	*Mujeres*
Cantidad de alumnos que se inscribieron:	159	201	29	32
Cantidad de alumnos que terminaron:	21		27	
Eficiencia terminal				
Número de equipos asignados a la carrera (Indicar cuantos equipos Pcs, laptops, etc.tienen como apoyo a la carrera)	325			

Cuadro 5: Datos de los Alumnos de Pregrado de la carrera de Ingeniería en Sistemas Computacionales en Hardware del periodo 2015

<table>
<tr><td>Centro Educativo:</td><td colspan="5">FACULTAD DE INGENIERIA DE LA UACH</td></tr>
<tr><td>Nombre de la Carrera:</td><td colspan="5">INGENIERÍA EN SOFTWARE</td></tr>
<tr><td colspan="2">Nivel: (X) Pregrado ( ) Posgrado ( ) Doctorado ( ) Otro, especifique:</td><td colspan="4"></td></tr>
<tr><td>Duración de la Carrera
(Indique si es por semestre, trimestre, años, etc.)</td><td>8 semestres</td><td colspan="4">Fecha de elaboración: 14/10/2015</td></tr>
<tr><td colspan="2" rowspan="3">Indicadores</td><td colspan="4">2013</td></tr>
<tr><td>ENE-JUN</td><td>AGO-DIC</td><td>ENE-JUN</td><td>AGO-DIC</td></tr>
<tr><td>Hombres</td><td>Hombres</td><td>Muejeres</td><td>Mujeres</td></tr>
<tr><td colspan="2">Cantidad de alumnos que se inscribieron:</td><td>353</td><td>346</td><td>78</td><td>64</td></tr>
<tr><td colspan="2">Cantidad de alumnos que terminaron:</td><td colspan="2">45</td><td colspan="2">14</td></tr>
<tr><td colspan="2">Eficiencia terminal</td><td></td><td></td><td></td><td></td></tr>
<tr><td colspan="2">Número de equipos asignados a la carrera
(Indicar cuantos equipos Pcs, laptops, etc.tienen como apoyo a la carrera)</td><td colspan="4">320</td></tr>
</table>

Cuadro 6: Datos de los Alumnos de Pregrado de la carrera de Ingeniería en Software del periodo 2013.

<table>
<tr><td>Centro Educativo:</td><td colspan="5">FACULTAD DE INGENIERIA DE LA UACH</td></tr>
<tr><td>Nombre de la Carrera:</td><td colspan="5">INGENIERÍA EN SOFTWARE</td></tr>
<tr><td colspan="2">Nivel: (X) Pregrado ( ) Posgrado ( ) Doctorado ( ) Otro, especifique:</td><td colspan="4"></td></tr>
<tr><td>Duración de la Carrera
(Indique si es por semestre, trimestre, años, etc.)</td><td>8 semestres</td><td colspan="4">Fecha de elaboración: 14/10/2015</td></tr>
<tr><td colspan="2" rowspan="3">Indicadores</td><td colspan="4">2014</td></tr>
<tr><td>ENE-JUN</td><td>AGO-DIC</td><td>ENE-JUN</td><td>AGO-DIC</td></tr>
<tr><td>Hombres</td><td>Hombres</td><td>Mujeres</td><td>Mujeres</td></tr>
<tr><td colspan="2">Cantidad de alumnos que se inscribieron:</td><td>193</td><td>268</td><td>34</td><td>53</td></tr>
<tr><td colspan="2">Cantidad de alumnos que terminaron:</td><td colspan="2">75</td><td colspan="2">17</td></tr>
<tr><td colspan="2">Eficiencia terminal</td><td></td><td></td><td></td><td></td></tr>
<tr><td colspan="2">Número de equipos asignados a la carrera
(Indicar cuantos equipos Pcs, laptops, etc.tienen como apoyo a la carrera)</td><td colspan="4">325</td></tr>
</table>

Cuadro 7: Datos de los Alumnos de Pregrado de la carrera de Ingeniería en Software del periodo 2014.

Centro Educativo:	FACULTAD DE INGENIERIA DE LA UACH			
Nombre de la Carrera:	INGENIERÍA EN SOFTWARE			
Nivel: (X) Pregrado ( ) Posgrado ( ) Doctorado ( ) Otro, especifique:				
Duración de la Carrera (*Indique si es por semestre, trimestre, años, etc.*)	**8 semestres**	**Fecha de elaboración: 14/10/2015**		
Indicadores	2015			
	ENE-JUN	AGO-DIC	ENE-JUN	AGO-DIC
	Hombres	*Hombres*	*Mujeres*	*Mujeres*
Cantidad de alumnos que se inscribieron:	263	235	46	40
Cantidad de alumnos que terminaron:	56		18	
Eficiencia terminal				
Número de equipos asignados a la carrera (Indicar cuantos equipos Pcs, laptops, etc.tienen como apoyo a la carrera)	325			

Cuadro 8: Datos de los Alumnos de Pregrado de la carrera de Ingeniería en Software del periodo 2015.

Datos estudiantes a nivel posgrado con perfil en el área.

Los datos fueron proporcionados por el M.I. David Maloof Flores, coordinador de la Maestría en Ingeniería en Computación, Maestría en Ingeniería en Software y Maestría en Redes Móviles de la Facultad de Ingeniería de la Universidad Autónoma de Chihuahua recuperados durante el mes de septiembre-octubre del 2015 que se resume en los siguientes cuadros:

Centro Educativo:	FACULTAD DE INGENIERÍA DE LA UNIVERSIDAD AUTONOMA DE CHIHUAHUA								
Nombre de la Carrera:	MAESTRÍA EN INGENIERÍA EN COMPUTACIÓN.								
Nivel: ( ) Pregrado (X) Posgrado ( ) Doctorado ( ) Otro, especifique:									
Duración de la Carrera (*Indique si es por semestre, trimestre, años, etc.*)	**4 Semestres**			**Fecha de elaboración:**			***20-sep-15***		
Indicadores				2013		2014		2015	
				Hombres	*Mujeres*	*Hombres*	*Mujeres*	*Hombres*	*Mujeres*
Cantidad de alumnos que se inscribieron:				8	4	13	2	9	1
Cantidad de alumnos que terminaron:								8	3
Eficiencia terminal								100%	75%
Número de equipos asignados a la carrera (Indicar cuantos equipos Pcs, laptops, etc.tienen como apoyo a la carrera)				30		30		30	
Periodo	1	2	3	4	5	6	7	8	9
Población Estudiantil por periodo lectivo escolar	7	12	16	26	25	25			
	ene jun 13	ago dic 13	ene jun 14	ago dic 14	ene jun 15	ago dic 15			

Cuadro 9: Datos de los Alumnos de Posgrado de la carrera de la Maestría en Ingeniería en Computación

Centro Educativo:	FACULTAD DE INGENIERÍA DE LA UNIVERSIDAD AUTÓNOMA DE CHIHUAHUA.								
Nombre de la Carrera:	MAESTRÍA EN REDES MÓVILES.								
Nivel: ( ) Pregrado (X) Posgrado ( ) Doctorado ( ) Otro, especifique:									
Duración de la Carrera (*Indique si es por semestre, trimestre, años, etc.*)	4 Semestres			**Fecha de elaboración:**			*20-sep-15*		
Indicadores				2013		2014		2015	
				Hombres	*Mujeres*	*Hombres*	*Mujeres*	*Hombres*	*Mujeres*
Cantidad de alumnos que se inscribieron:				4	1	4	0	5	1
Cantidad de alumnos que terminaron:				0	0	1	0	3	0
Eficiencia terminal				0	0			42.50%	0
Número de equipos asignados a la carrera (Indicar cuantos equipos Pcs, laptops, etc.tienen como apoyo a la carrera)				30		30		30	
Periodo	1	2	3	4	5	6	7	8	9
Población Estudiantil por periodo lectivo escolar	12	15	17	17	15	13	12	12	12
	ago-11	ene-12	ago-12	ene-13	ago-14	ene-14	ago-14	ene-15	ago dic 1

Cuadro 10: Datos de los Alumnos de Posgrado de la carrera de la Maestría en Ingeniería en Redes Móviles

Datos personal académico.

Al igual que los cuadros de los puntos anteriores el personal académico fue proporcionado por las mismas personas tanto a nivel pregrado como en posgrado, quedando los resultados como se describen en los siguientes cuadros:

Centro Educativo:	PROFESORADO A NIVEL PREGRADO FACULTAD DE INGENIERÍA DE LA UACH		
Nombre del Docente	**Pregrado**	**Posgrado(s)**	**Doctorado**
FERNANDO MARTINEZ REYES	Ingemieria electrónica	Ciencias de la Electrónica	Doctorado en Ciencias de la Computación
CLAUDIA GEORGINA NAVA DINO	Ingenieria en Sistemas Computacionales en Software	Ciencias de la Electrónica	Doctorado en Materiales
LUIS CARLOS GONZALEZ GURROLA	Ingeniería en Sistemas Computacionales	Ciencias de la Computación	Tecnologias de la información
OSCAR BELTRÁN GOMEZ	Ingeniería en Sistemas Computacionales	Sistemas Computacionales	
JESÚS MANUEL MUÑOZ LARGUERO	Ingenieria en Sistemas Computacionales en Hardware		
RAUL ALFREDO JIMENEZ LOZANO	Ingenieria en Sistemas Computacionales en Hardware	Sistemas Computacionales	
JOSE ACOSTA CANO DE LOS RIOS	Ingeniero Industrial en Electrónica	Ciencias de la Electrónica	
ANA YAHAIRA MUÑOZ GAMBOA	Ingeniería Electrónica	Ciencias de la Electrónica	

Cuadro 11: Profesorado a nivel pregrado: estudios académicos

Centro Educativo:	PROFESORADO A NIVEL PREGRADO FACULTAD DE INGENIERÍA DE LA UACH		
Nombre del Docente	Lineas de Investigación	Materia(s)	Años de Experiencia
FERNANDO MARTINEZ REYES	Computación ubicua, móvil	Proyectos Profesionales I y II	17
CLAUDIA GEORGINA NAVA DINO	Materiales, cómputación en general	Electricidad y magnetismo, Ingeniería aplicada a prctyectos I y II	8
LUIS CARLOS GONZALEZ GURROLA	Inteligencia Artificial	Sistemas Inteligentes	4
OSCAR BELTRÁN GOMEZ	Computación en general	Lenguajes de programación, Desarrollo de plataformas web, Desarrollo de plaicaciones moviles	5
JESÚS MANUEL MUÑOZ LARGUERO	Interfaces electronicas, carritos seguidores de linea	Circuitos logicos II, Microprocesadores, Interfaces Electronicas	3
RAUL ALFREDO JIMENEZ LOZANO	Electrónica en general, programacion PLD's	Circuitos electronicos, arquitectura de computadoras, Circuitos logicos I	8
JOSE ACOSTA CANO DE LOS RIOS	Automatización	Proyectos Profesionales I y II	29
ANA YAHAIRA MUÑOZ GAMBOA	Electrónica en general	Analisis de circuitos Electricos I y II	6

Cuadro 12: Profesorado a nivel pregrado: líneas de investigación, Materias impartidas y años de experiencia

Centro Educativo:	PROFESORADO POSGRADO FACULTAD DE INGENIERÍA DE LA UACH		
Nombre del Docente	**Pregrado**	**Posgrado(s)**	**Doctorado**
Fernando Martínez Reyes	Ingeniería electrónica	Ciencias de la Electrónica	Doctorado en Ciencias de la Computación
Luis Lujan Vega	No se cuenta con Información en RH	No se cuenta con Información en RH	Doctorado en Administración
Edgar Trujillo Preciado	Ingeniería electrónica	Maestría en Ciencias en Ingeniería Electrónica	
Alvaro Macías Saucedo	No se cuenta con Información en RH	Maestría en Ciencias	
Roy Terrazas Marín	No se cuenta con Información en RH	No se cuenta con Información en RH	Doctorado en Eduación e Investigación
Luis Carlos González Gurrola	Ingeniería en Sistemas Computacionales	Maestría en Ciencias de la Computación	Doctorado en Tecnologías de la Información
José Eduardo Acosta Cano de los Ríos	Ingeniería electrónica	Maestría en Ciencias en Ingeniería Electrónica	
José Luis Herrera Aguilar	No se cuenta con Información en RH	Maestría en Ciencias en Matemáticas Aplicadas	Doctorado en Ciencias en Matemáticas Aplicada
Roberto López Santillán	Ingeniero en Sistemas Computacionales	Maestría en Ingeniería en Sistemas Computacionales	
Claudia Nava Dino	Ingeniero en Sistemas Computacionales	Maestría en Ciencias en Ingeniería Electrónica	Docrorado en Ciencias de Materiales
Marco Antonio Sánchez Vazquez.	Ingeniero en Sistemas Computacionales	Maestría en Ingeniería en Sistemas Computacionales	

Cuadro 13: Profesorado a nivel posgrado: estudios académicos.

Centro Educativo:	PROFESORADO POSGRADO FACULTAD DE INGENIERÍA DE LA UACH		
Nombre del Docente	**Lineas de Investigación**	**Materia(s)**	**Años de Experiencia**
Fernando Martínez Reyes	Computación ubicua y móvil	Computación Ubicua	20
Luis Lujan Vega	Computación ubicua	Transmisiones y Comunicación Digital, Modelo estadistico de tráfico y análisis de datos	4
Edgar Trujillo Preciado	Redes Computacionales	Fundamentos de Redes Inalámbricas, Software Libre y sus aplicaciones	10
Alvaro Macías Saucedo	Desarrollo de Redes Inalámbricas	Desarrollo de Redes Inalambricas	4
Roy Terrazas Marín	Realidad Aumentada	Seminario de Investigación	4
Luis Carlos González Gurrola	Inteligencia Artificial	Reconocimiento de patrones, I.A Aplicada	5
José Eduardo Acosta Cano de los Ríos	Automática	A la Industria Automatización	25
José Luis Herrera Aguilar	Optimización	Matemáticas Computacionales	5
Roberto López Santillán	Business Inteligente y Analitica	Ingeneria de Software Avanzado	13
Claudia Nava Dino	Procesamiento y Analisis de Señales	Seguridad de la Información	
Marco Antonio Sánchez Vazquez.	Sistemas Embebidos.	Sistemas Embebidos	

Cuadro 14: Profesorado a nivel posgrado: líneas de investigación, materias impartidas, y años de experiencia.

Datos del Instituto Tecnológico de Delicias.

Datos estudiantes a nivel pregrado con perfil en el área.

Los datos fueron proporcionados por el Dr. Luis Raúl Lujan Vega, quien es catedrático del Instituto Tecnológico de Delicias, estos datos fueron recuperados durante el mes de septiembre del 2015 que se resumen los siguientes cuadros:

Centro Educativo:	INSTITUTO TECNOLÓGICO DE DELICIAS											
Nombre de la Carrera:	INGENIERÍA EN SISTEMAS COMPUTACIONALES											
Nivel: (X) Pregrado ( ) Posgrado ( ) Doctorado ( ) Otro, especifique:												
Duración de la Carrera *(Indique si es por semestre, trimestre, años, etc.)*			**Fecha de elaboración: septiembre del 2015**									
Indicadores			Total últimos 5 años									
			Hombres	*Mujeres*								
Cantidad de alumnos que terminaron:			173	79								
Periodo	1		3		5		7		9		Total Inscritos Actual	
Población Estudiantil por periodo lectivo escolar	60	14	25	7	31	9	16	5	24	9	197	79
	Hombres	Mujeres	Hombres	Mujeres	Hombres	Mujeres	Hombres	Mujeres	Hombres	Mujeres	Hombres	Mujeres

Cuadro 15: Datos de los Alumnos de Pregrado de la carrera de Ingeniería en Sistemas Computacionales

Centro Educativo:	INSTITUTO TECNOLÓGICO DE DELICIAS											
Nombre de la Carrera:	INGENIERÍA EN TECNOLOGÍA DE INFORMACIÓN Y COMUNICACIONES											
Nivel: (X) Pregrado ( ) Posgrado ( ) Doctorado ( ) Otro, especifique:												
Duración de la Carrera *(Indique si es por semestre, trimestre, años, etc.)*			**Fecha de elaboración: septiembre del 2015**									
Indicadores			Total últimos 5 años									
			Hombres	*Mujeres*								
Cantidad de alumnos que terminaron:			6	8								
Periodo	1		3		5		7		9		Total Inscritos Actual	
Población Estudiantil por periodo lectivo escolar	24	15	13	4	7	1	11	4	12	2	81	38
	Hombres	Mujeres	Hombres	Mujeres	Hombres	Mujeres	Hombres	Mujeres	Hombres	Mujeres	Hombres	Mujeres

Cuadro 16: Datos de los Alumnos de Pregrado de la carrera de Ingeniería en Tecnología de Información y Comunicaciones

Centro Educativo:	INSTITUTO TECNOLÓGICO DE DELICIAS											
Nombre de la Carrera:	INGENIERÍA EN ELECTROMECANICA											
Nivel: (X) Pregrado ( ) Posgrado ( ) Doctorado ( ) Otro, especifique:												
Duración de la Carrera *(Indique si es por semestre, trimestre, años, etc.)*			**Fecha de elaboración: septiembre del 2015**									
Indicadores	Total últimos 5 años											
	Hombres	*Mujeres*										
Cantidad de alumnos que terminaron:	186	6										
Periodo	1		3		5		7		9		Total Inscritos Actual	
Población Estudiantil por periodo lectivo escolar	115	8	45	5	37	3	43	2	38	1	401	28
	Hombres	Mujeres	Hombres	Mujeres	Hombres	Mujeres	Hombres	Mujeres	Hombres	Mujeres	Hombres	Mujeres

Cuadro 17: Datos de los Alumnos de Pregrado de la carrera de Ingeniería en Electromecánica

Datos del personal académico.

Los datos del profesorado fue proporcionado por la misma persona que informó de los datos de los alumnos, esto se resume en el siguiente cuadro:

	INSTITUTO TECNOLÓGICO DE DELICIAS		
Nombre del Docente	**Pregrado**	**Posgrado(s)**	**Doctorado**
Se cuenta con 17 maestros, de los cuales 9 son de tiempo completo y 8 de tiempo parcial	7	9	1

Cuadro 18: Profesorado en el área.

Las materias en las cuales trabajan los docentes del área son:

- Ingenieria de software
- Taller de ingenieria de software
- Sistemas operativos
- Lenguajes de interfaz
- Fundamentos de programación
- Programación con php
- Tópicos avanzados de programación
- Programación lógica y funcional
- Sistemas programables
- Fundamentos de desarrollo de sistemas
- "desarrollo de aplicaciones
- Para dispositivos moviles"
- Fundamentos de ingeniería de software
- Programación c #
- Software de sistemas
- Programacion
- Lenguaje ensamblador
- Graficacion

Este análisis esta dividido en tres partes para enfatizar la mano de obra calificada que se integrara, y en la otra parte se analiza los profesionales que ya tienen experiencia en el ramo y que de manera inmediata se pueden integrar y/o que estan participando activamente en la formación de profesionales en el ramo, y la tercera parte ofrece un panorama nacional en el ámbito educativo.

Las serie de gráficas permiten visualizar la información recopilada, cada gráfica representa los datos por carrera y por institución. Para la Facultad de Ingeniería los resultados se dividen por semestre de la matricula total, para el Instituto Tecnológico de Delicias los datos son del 2015 dividida por semestre, es decir, muestran los datos de la población que esta matriculada en para cada semestre.

Parte 1: Población Estudiantil (alumnado).

Revisión gráfica de la población estudiantil por carrera.

En las siguientes secciones se detallará por medio de gráficas los datos obtenidos en el censo, así mismo una breve descripción en cada una de ellas.

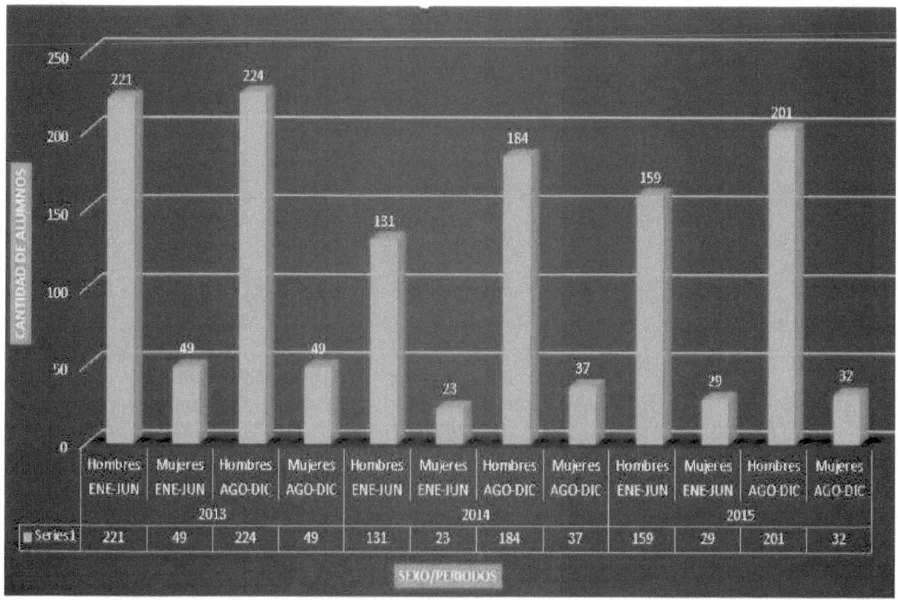

	2013				2014				2015			
	Hombres ENE-JUN	Mujeres ENE-JUN	Hombres AGO-DIC	Mujeres AGO-DIC	Hombres ENE-JUN	Mujeres ENE-JUN	Hombres AGO-DIC	Mujeres AGO-DIC	Hombres ENE-JUN	Mujeres ENE-JUN	Hombres AGO-DIC	Mujeres AGO-DIC
Series1	221	49	224	49	131	23	184	37	159	29	201	32

Gráfica 2: Población escolar inscrita por sexo en la carrera de Ingeniería en Sistemas Computacionales Hardware (pregrado) en la Facultad de Ingeniería de la Universidad Autónoma de Chihuahua.

En la gráfica 1 se muestra la cantidad de estudiantes por semestre, los periodos semestrales son de enero a junio y de agosto a diciembre, los años representados son del 2013, 2014 y 2015. Aunque es muy notoria la cantidad de hombres que es muy superior al de las mujeres, el campo donde se contempla que trabajen no es un factor determinante el sexo, son los conocimientos en el campo. Aunque del 2013 al 2014 hay un baja, no es importante, ya que se puede observar que hay una cierta recuperación para el año 2015.

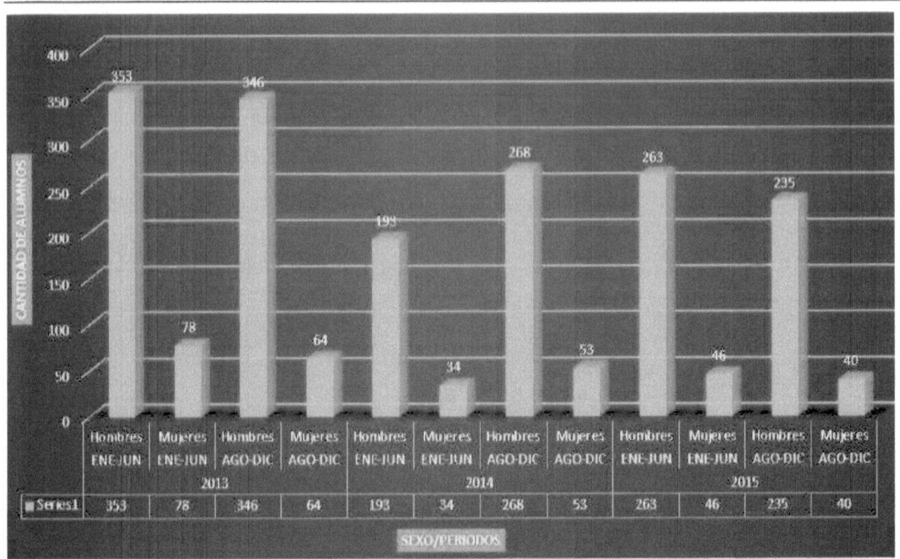

Gráfica 3: Población escolar inscrita por sexo en la carrera de Ingeniería en Software (pregrado) en la Facultad de Ingeniería de la Universidad Autónoma de Chihuahua.

Al igual que en la carrera de Ingeniería en sistemas computacionales opción hardware, la gráfica 2 muestra que la población femenina es menor que la masculina, sin embargo, esto no es un factor determinante para ubicar la mano de obra por ser un trabajo intelectual, así mismo la población se mantiene relativamente igual para los años 2014 y 2015. Para el año 2013 la población inicialmente inscrita fue muy alta, tanto en el primer semestre del año como en el del segundo.

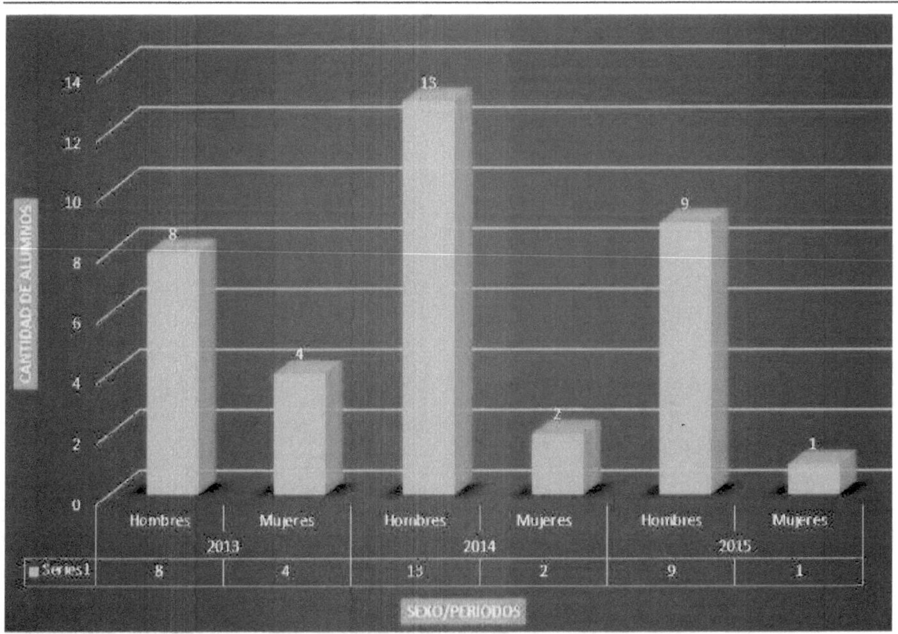

Gráfica 4: Población escolar inscrita por sexo en la carrera de Maestría en Ingeniería en Computación (posgrado) en la Facultad de Ingeniería de la Universidad Autónoma de Chihuahua.

En una característica muy común que en las carreras de posgrado la población disminuye radicalmente con respecto a la población de pregrado como se puede apreciar en la gráfica 3. No solo por el nivel académico que demanda estos estudios, si no que en ocasiones los recién egresados de licenciaturas deben integrarse al campo laboral, y otro factor son los costos de colegiaturas. Esta mano de obra es más especializada y por ende, mayormente capacitada.

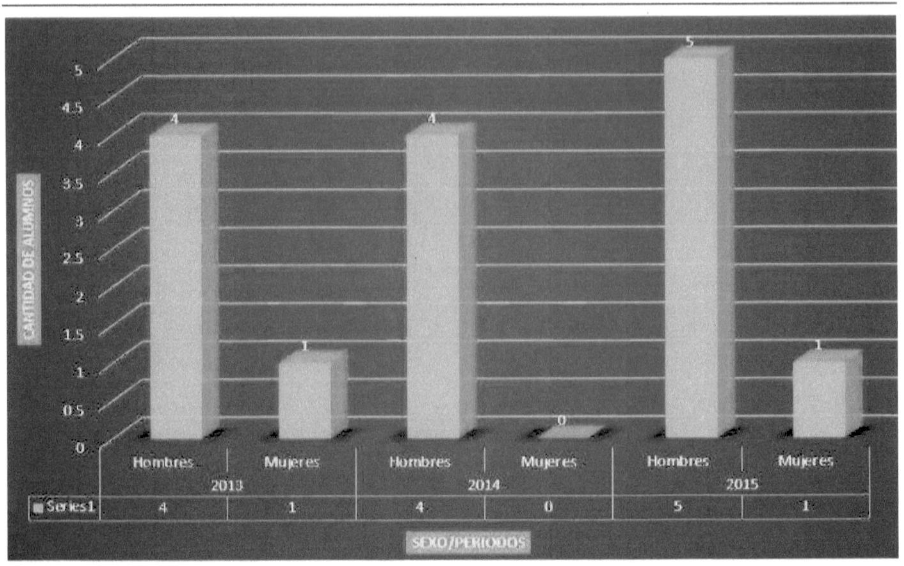

Gráfica 5: Población escolar inscrita por sexo en la carrera de Maestría en Ingeniería en Redes Móviles (posgrado) en la Facultad de Ingeniería de la Universidad Autónoma de Chihuahua.

Al igual que la anterior gráfica de posgrado ((gráfica 3) la población es menor, por lo que se explicó. También la población femenina es por mucho menor (prácticamente 4 a 1) como se puede apreciar en la gráfica 4, pero esto no es causal de que se afecte negativamente la colocación de profesionales en el ramo del desarrollo de SE. Para el año 2015 se nota un ligero incremento en la matricula con respecto a los dos últimos años (2013 y 2014). La población se mantiene constante, aunque menor, pero constante.

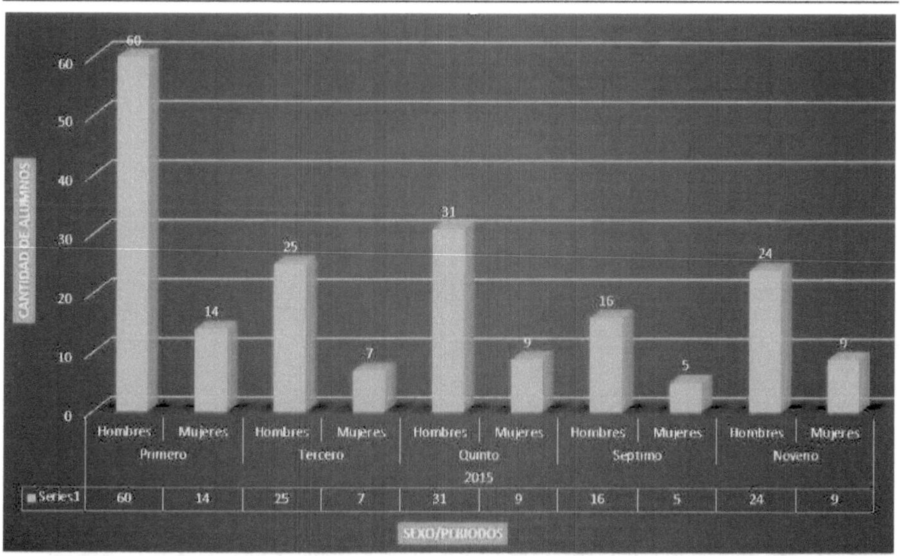

Gráfica 6: Población escolar inscrita por sexo en la carrera de Ingeniería en Sistemas Computacionales (pregrado) en el Instituto Tecnológico de Delicias.

En esta gráfica que representa la población estudiantil separado por sexo, también se puede notar que los hombres predominan, sin embargo, se reitera que esto no afecta la colocación de profesionales en el ramo. Estos datos correspondientes al 2015 dejan en claro que en primer semestre la población es muy alta, conforme pasan los semestres esta decae, pero aunque tiende a bajar durante las transiciones semestrales, siempre se tiene egresados. Los motivos de la caída en la matricula son variados, desde reprobación, incluso por que la carrera no fue de su agrado, y otras causales, dejando realmente a las personas con el mejor perfil e interés por la misma. Esto indica que en esta carrera si hay egresados para la ciudad de Delicias, Chih.

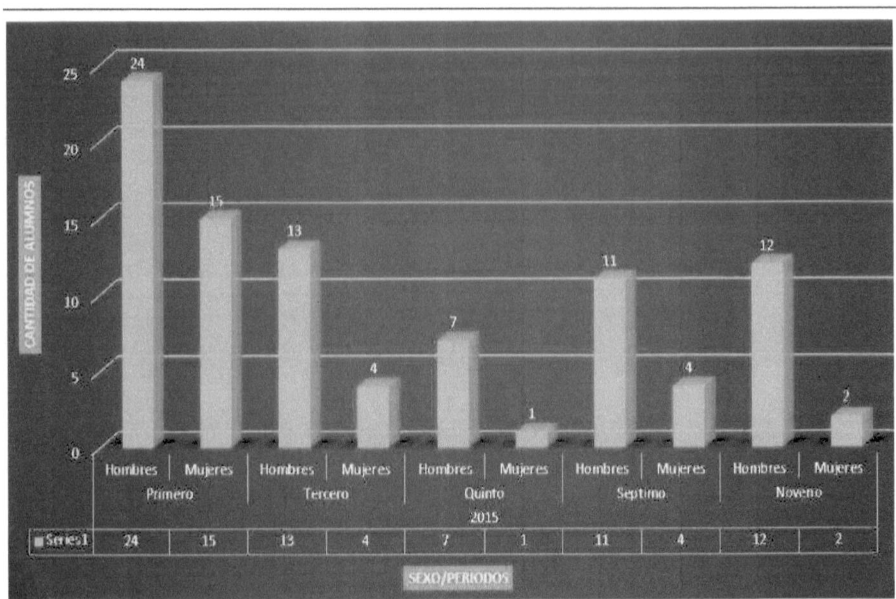

Gráfica 7: Población escolar inscrita por sexo en la carrera de Ingeniería en Tecnologías de la Información y Comunicaciones (pregrado) en el Instituto Tecnológico de Delicias.

Al igual que en la gráfica anterior y para no repetir lo comentado, de manera resumida hay que hacer notar que en la presente gráfica 7 que también decrece la matricula semestral de noveno que es el final de la carrera con respecto al inicio de carrera, pero al igual que en las demás carreras, al atravesar por las diversas depuraciones a lo largo de los nueve semestres, si hay egresados que prácticamente han pasado varias pruebas académicas, siendo los que en base al rendimiento académico logran concluir.

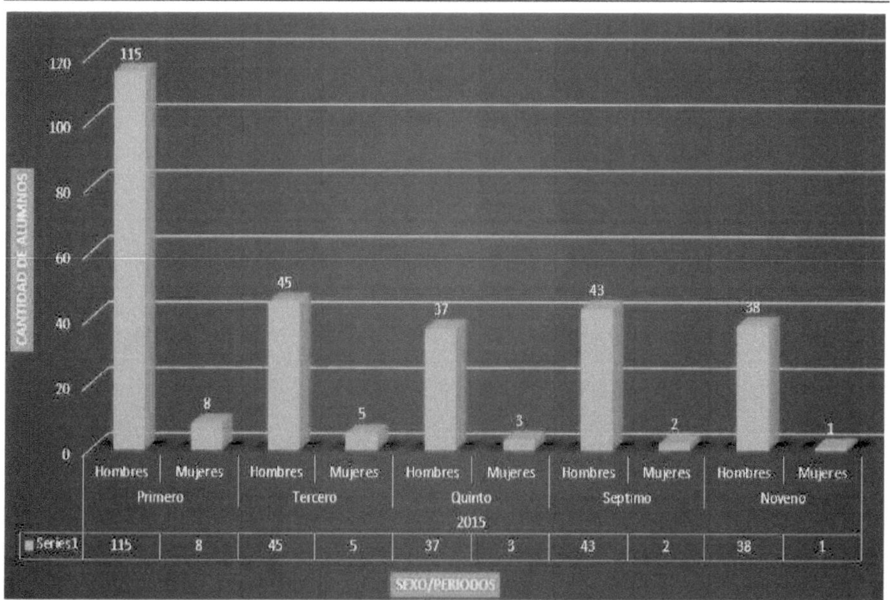

Gráfica 8: Población escolar inscrita por sexo en la carrera de Ingeniería en Electromecánica (pregrado) en el Instituto Tecnológico de Delicias.

Esta carrera en particular, por sus características propias es más común que sean hombres, por lo que de todas las carreras expuestas esta muestra una muy marcada diferencia, y los índices de transición también son característicos, pero la marcada diferencia de primer a noveno semestre, no se repite, es decir, de tercer semestre en adelante se mantienen los índices de transición con muy poca variación, por lo que el filtro principal se da básicamente en el cambio de Primer a Segundo semestre, lo cual se puede observar en la gráfica ocho .

Revisión de datos por cantidad de alumnos (sin distinción de sexo).

En las siguientes gráficas se hará el análisis sin hacer la separación por sexos.

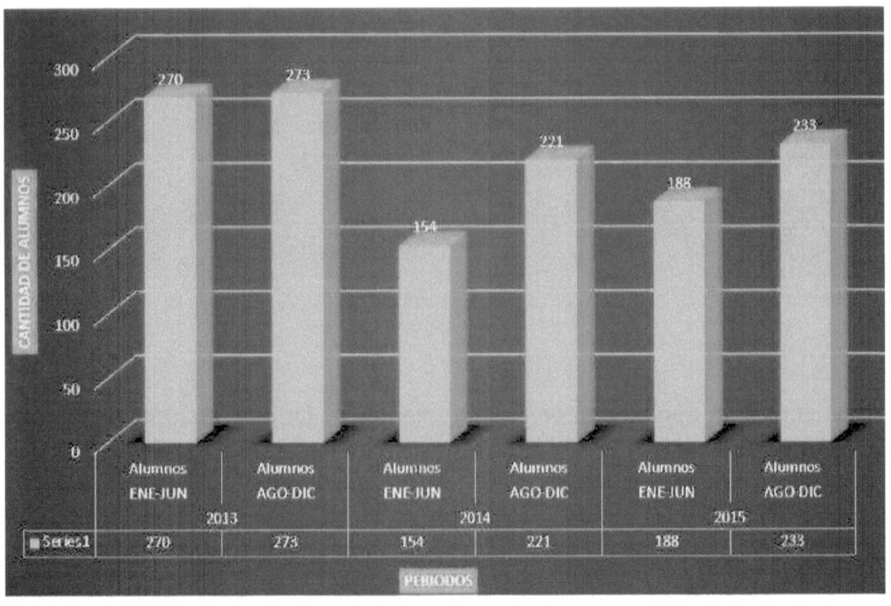

Gráfica 9: Población escolar inscrita en la carrera de Ingeniería en Sistemas Computacionales Hardware (pregrado) en la Facultad de Ingeniería de la Universidad Autónoma de Chihuahua.

Sin hacer la separación por sexos, en esta gráfica 9 se puede visualizar la población escolar en total por semestre y por año. De manera clara, se puede ver que para cada semestre hay población estudiando, preparándose en el área de sistemas computacionales. Hay una constante de alumnos preparándose en el área.

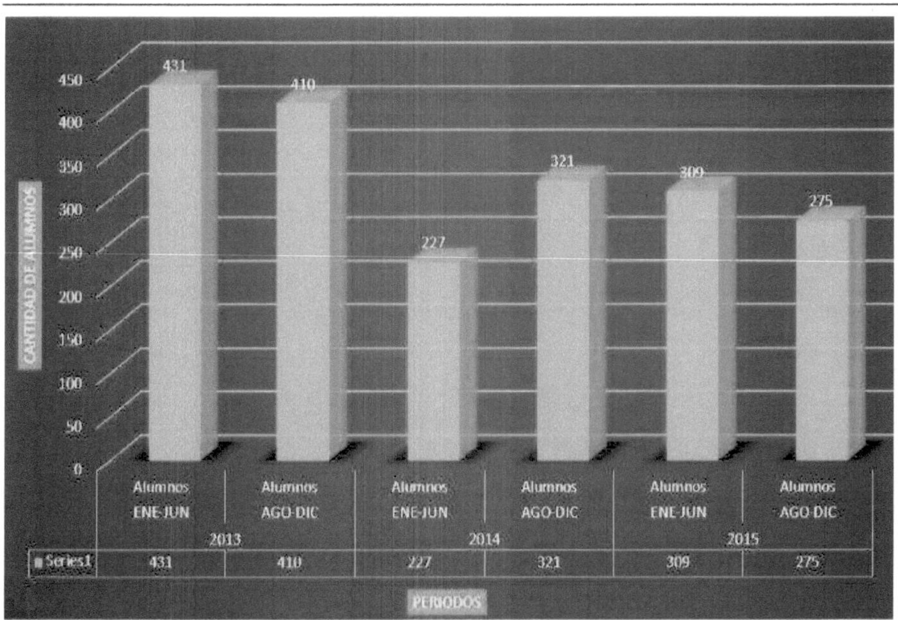

Gráfica 10: Población escolar inscrita en la carrera de Ingeniería en Software (pregrado) en la Facultad de Ingeniería de la Universidad Autónoma de Chihuahua.

Los estudiantes de ingeniería en software también mantienen una población estudiantil por semestre en continua preparación. Esto permite que siempre estén egresando personas con el perfil en el área, hay una constante grande de alumnos y de esta licenciatura es de las más pobladas.

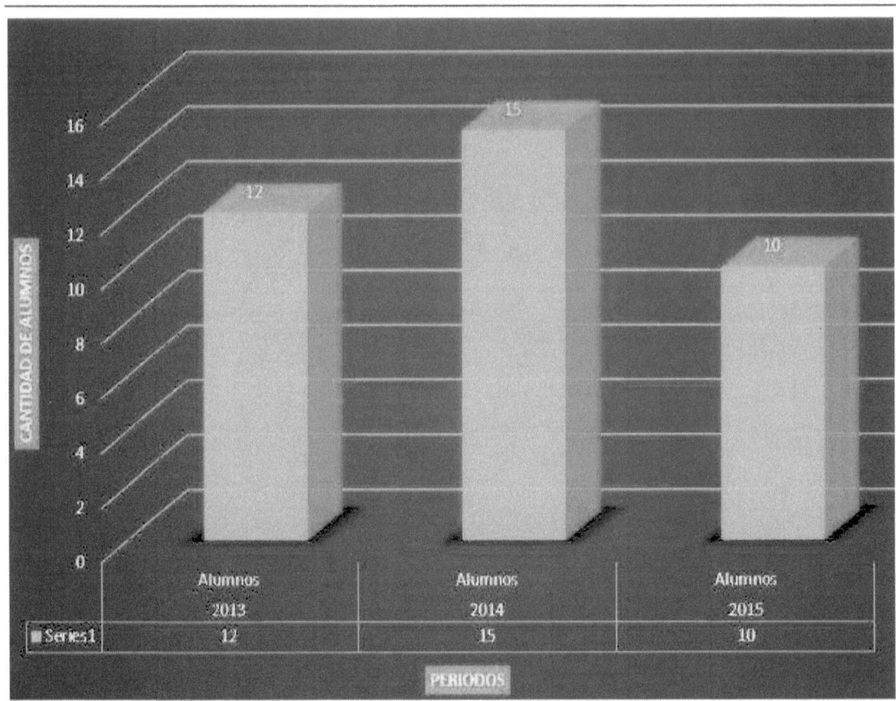

Gráfica 11: Población escolar inscrita en la carrera de Maestría en Ingeniería en Computación (posgrado) en la Facultad de Ingeniería de la Universidad Autónoma de Chihuahua.

El total de matrícula (sin separar por sexo), queda como se indica en la gráfica 11. Se puede notar que, aunque baja, por ser un grado de especialización superior, la matricula se mantiene entre 10 y 15 personas por año, lo cual augura que, aunque sean pocas las personas que egresan, estarán bien preparadas por el grado académico alcanzado.

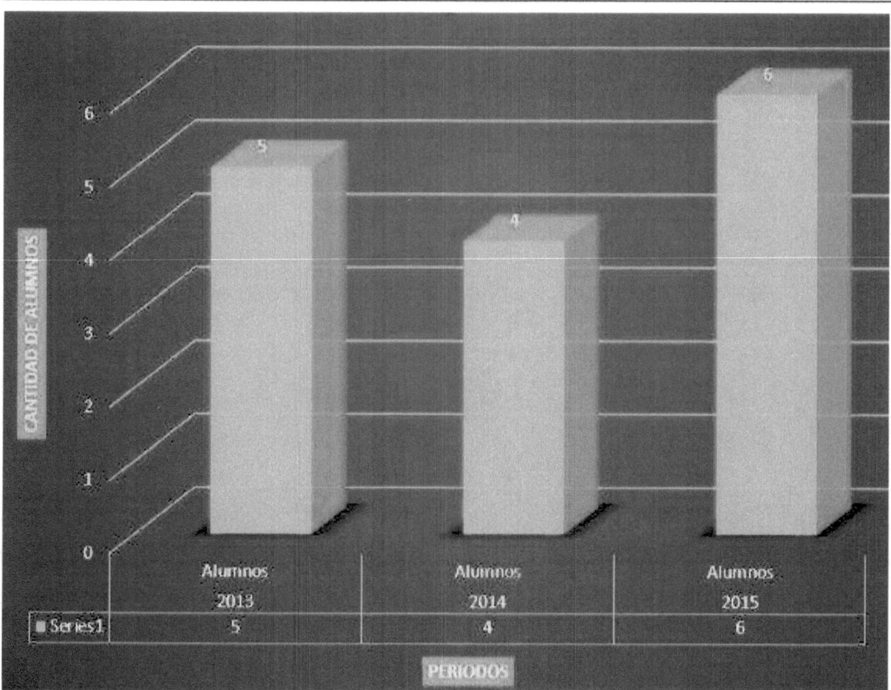

Gráfica 12: Población escolar inscrita en la carrera de Maestría en Ingeniería en Redes Móviles (posgrado) en la Facultad de Ingeniería de la Universidad Autónoma de Chihuahua.

Esta es una de las carreras menos pobladas, por ser un grado de especialización muy concreto, y también tiene un comportamiento año con año de regular tamaño, manteniendo entre cuatro a seis alumnos por año. Esta es la carrera cuya población es la más pequeña, pero en cuanto a la relación con el software embebido no es tan rica como las otras maestrías que se incluyen en la presente investigación, sin embargo, puede existir egresados que se pueden especializar e incorporarse en esta área.

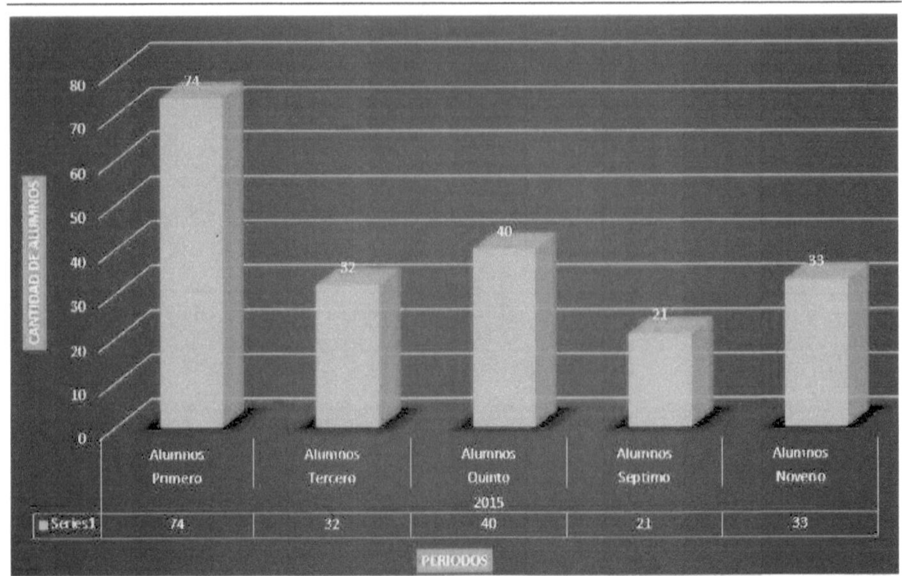

Gráfica 13: Población escolar inscrita en la carrera de Ingeniería en Sistemas Computacionales (pregrado) en el Instituto Tecnológico de Delicias.

Analizando la población estudiantil de la ciudad de Delicias, al igual que en el primer análisis en donde se tenía a la población dividida por sexo, aunque se puede ver que de los que ingresan a primer semestre disminuye por debajo del 50% de egreso, esto aunque preocupante, no es un factor que determine falta de mano de obra calificada, ya que aun y a pesar de que egresan pocos, de todas formas hay alumnos egresados con el perfil que se requiere para el área de Sistemas y en especial del área de desarrollo e implementación del software embebido para la ciudad de Delicias.

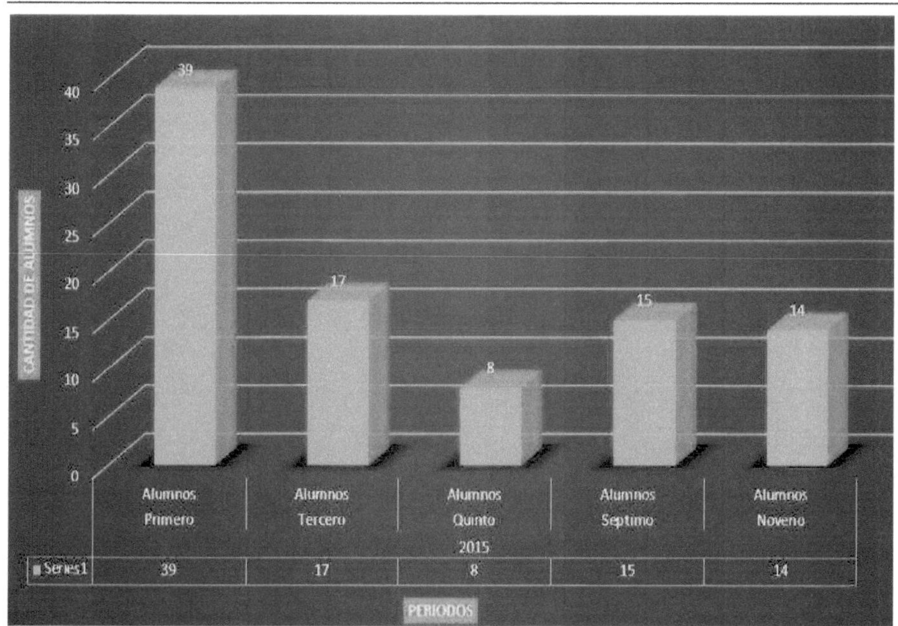

Gráfica 14: Población escolar inscrita en la carrera de Ingeniería en Tecnología de información y Comunicaciones (pregrado) en el Instituto Tecnológico de Delicias.

También de primer a noveno semestre decae más del 50% la población, pero a pesar de ello, si hay egresados preparados en el área. Cabe hacer mención que esta carrera es nueva, por lo que por ser oferta de nueva inclusión en el Instituto y en la ciudad de Delicias aún no es muy conocida entre la población, por lo que el alumnado es de una cantidad poco numerosa.

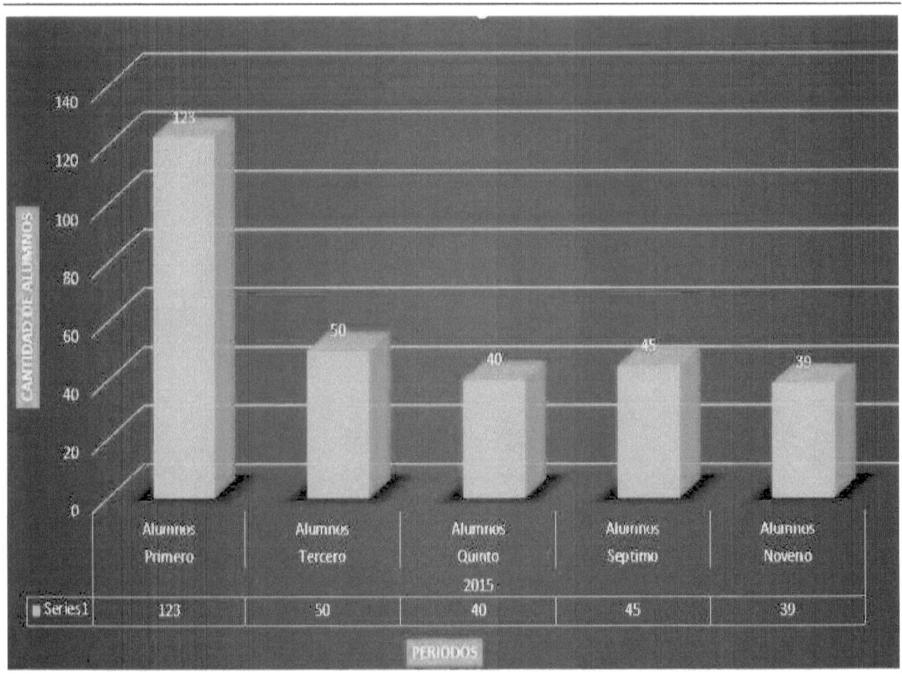

Gráfica 15: Población escolar inscrita en la carrera de Ingeniería en Electromecánica (pregrado) en el Instituto Tecnológico de Delicias.

En la ciudad de Delicias en el plantel del Tecnológico esta es una de las carreras con mayor demanda, y es precisamente por ser una de las que más colocación de egresados tiene, y aunque por cada 3 ingresos hay uno de egreso, a pesar de ello mantiene una generación de egresados para inyectarlos en el sector productivo-laboral.

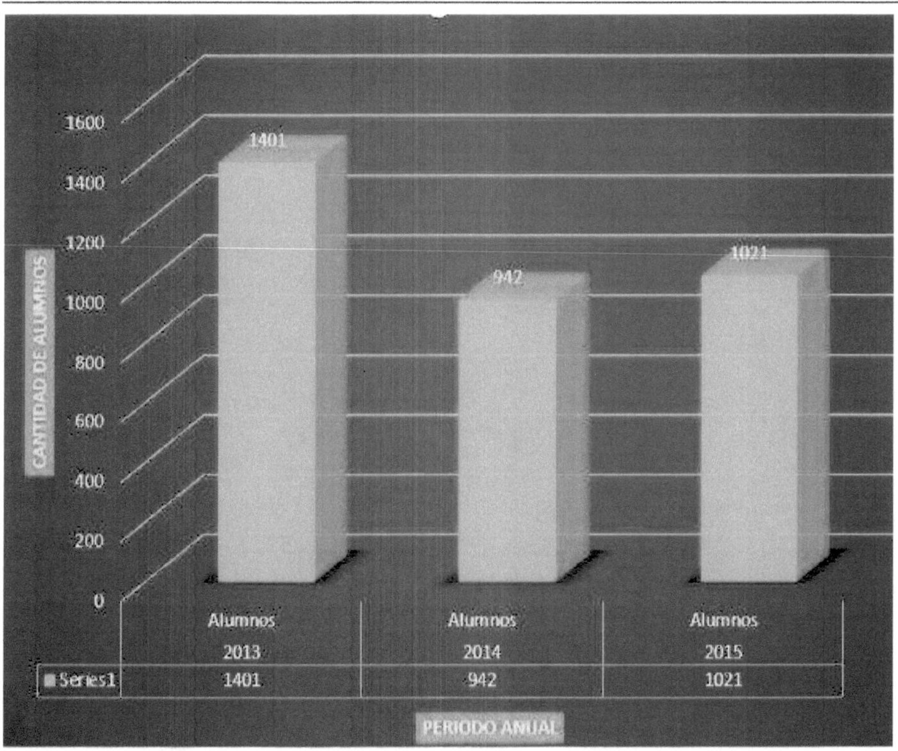

Gráfica 16: Población total inscrita por año en el área de sistemas de la Facultad de ingeniería de la Universidad Autónoma de Chihuahua.

En la gráfica 16 ya se encuentra totalizada toda la población con el perfil en el área de sistemas, es una población muy nutrida, esta es una sola institución de la ciudad de Chihuahua, aunque para el 2014 bajo esta, hubo una cierta recuperación para el 2015 manteniendo a más de mil alumnos en constante preparación en el área.

Estos números ofrecen la certeza de que siempre existe personas en constante preparación académica, en la gráfica se refiere específicamente del área que pueden integrarse al desarrollo de software.

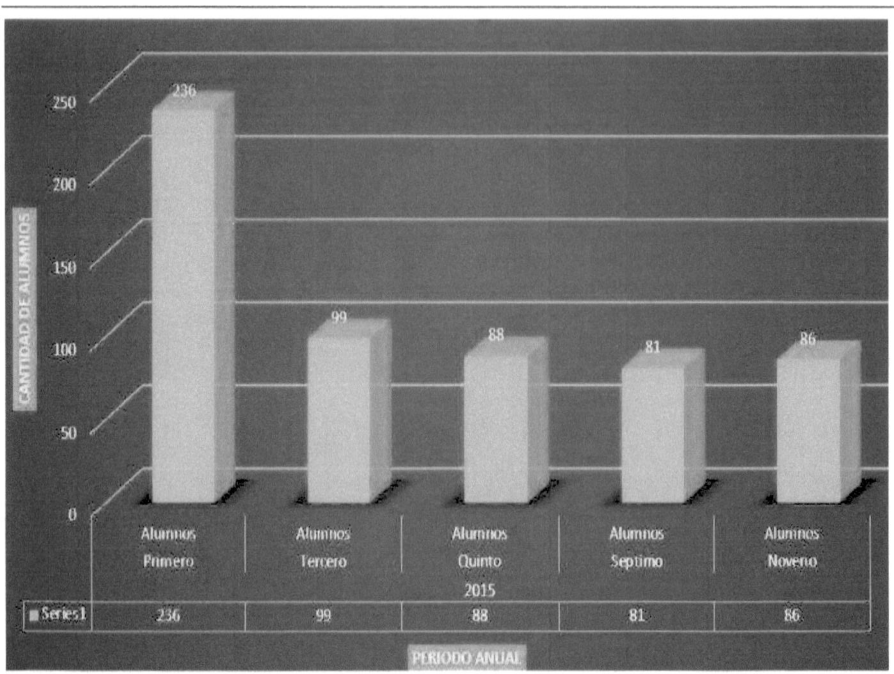

Gráfica 17: Población total inscrita por año en el área de sistemas en el Instituto Tecnológico de Delicias.

Para la ciudad de Delicias, que proporcionalmente la población es más pequeña tanto en la ciudadanía en general como los estudiantes en preparación, mantiene a alumnos listos para egresar y en formación, esto indica que siempre se tendrá mano de obra calificada en el área.

Datos globales por Instituto.

En la gráfica 17 se suman todos los datos de la población estudiantil, de todas las carreras afines al desarrollo de sistemas de la Facultad de ingeniería de la UACH y en la gráfica 18 los mismos datos, pero del Instituto Tecnológico de Delicias

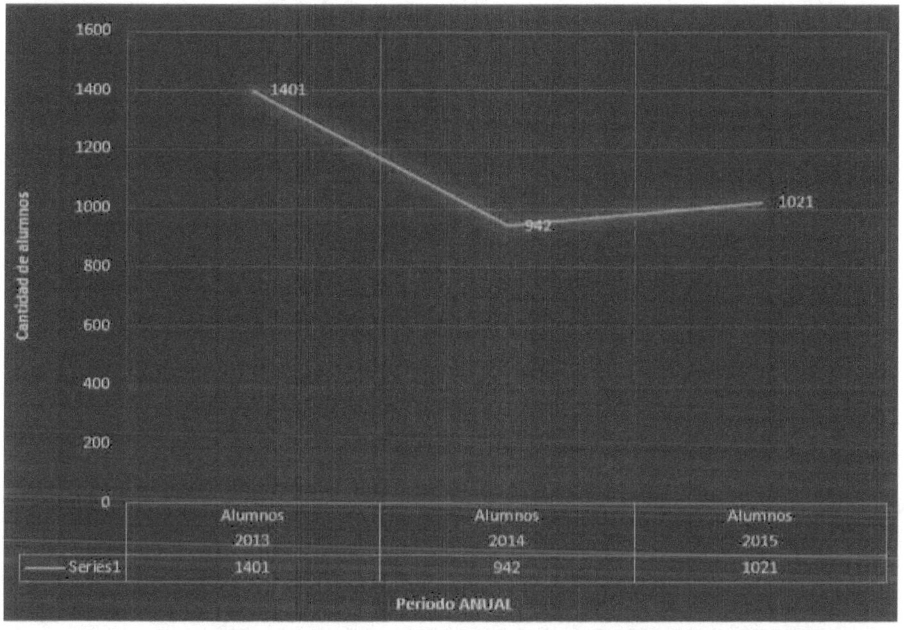

Gráfica 18: Comportamiento de la población escolar del área de sistemas del 2013 al 2015 de la Facultad de Ingeniería de la Universidad Autónoma de Chihuahua.

En la gráfica 17 de manera resumida, muestra el comportamiento de la población estudiantil, si hay una caída grande del 2013 al 2014 de 459 alumnos, así mismo hay una ligera recuperación del 2014 al 2015 de 79 alumnos. Sin embargo, el mantener una población estudiantil de alrededor de mil jóvenes en formación, esto augura que siempre se estarán integrando el mercado gente con preparación, y retomando el tema de que esta es solo una escuela, habiendo en la ciudad de Chihuahua, más lugares donde se ofrecen licenciaturas y maestrías en el área.

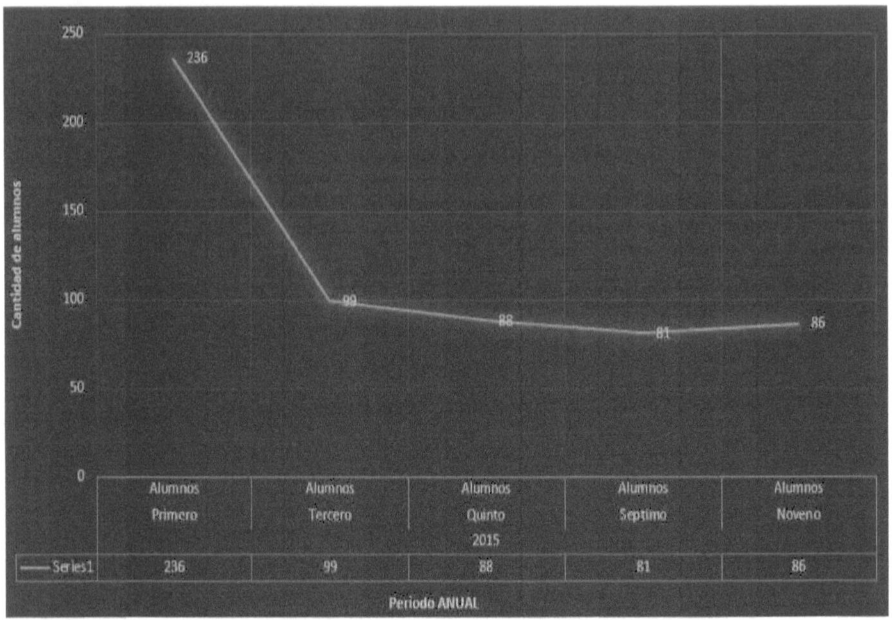

Gráfica 19: Comportamiento de la población escolar del área de sistemas por semestre del Instituto Tecnológico de Delicias.

El Instituto Tecnológico de Delicias una de las escuelas de nivel profesional más importantes de esa ciudad, también es un centro de preparación y formación de profesionales en el área de sistemas. En la gráfica se aprecia como de primer semestre decae drásticamente la población estudiantil. Este comportamiento es muy natural, y prácticamente es un síntoma que se repite no solo en escuelas de ciudad Delicias, si no prácticamente por muchos de los colegios en todo el estado de Chihuahua. Pero es importante como a partir de tercer semestre, se mantiene la población, demostrando un índice de transición regular y estable, permitiendo que siempre se presente egresados, con lo cual, la población mantiene mano de obra calificada y por ende, es una fuente para las nuevas oportunidades laborales, y más si son en la región para así evitar la migración y/o fuga de cerebros para otras partes del territorio.

Parte 2: Población Académica (profesorado)

Con respecto a los profesionales que ya tienen experiencia en el área, y que dentro de sus actividades está la de preparar a la población estudiantil para integrarse como profesionistas en las tecnologías de la información y comunicaciones, se hará el análisis pertinente para connotar con este espacio muestral que si hay abundancia y experiencia. Se parte primero por describir gráficamente la población académica.

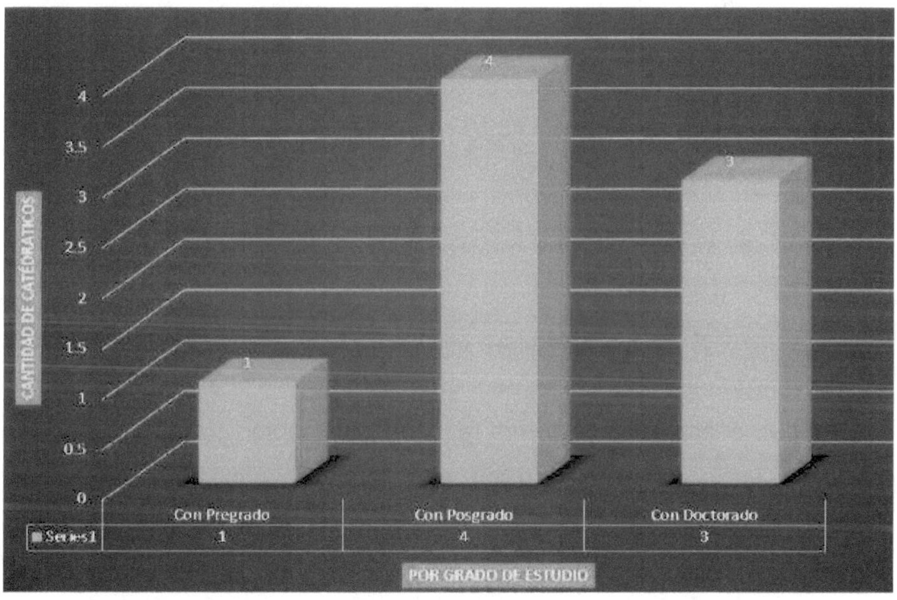

Gráfica 20: Población académica (profesorado) con perfil en el área de sistemas para nivel pregrado por nivel académico de la Facultad de Ingeniería de la Universidad Autónoma de Chihuahua.

En la gráfica 19 se puede apreciar los catedráticos que imparten clase en el área de sistemas a alumnos de nivel licenciatura. Solo un docente tiene pregrado, los demás cuentan con una especialización más elevada. Así mismo, se cuentan con tres docentes con el grado de doctorado, lo cual habla del nivel de preparación del profesorado que participa con los alumnos para su preparación.

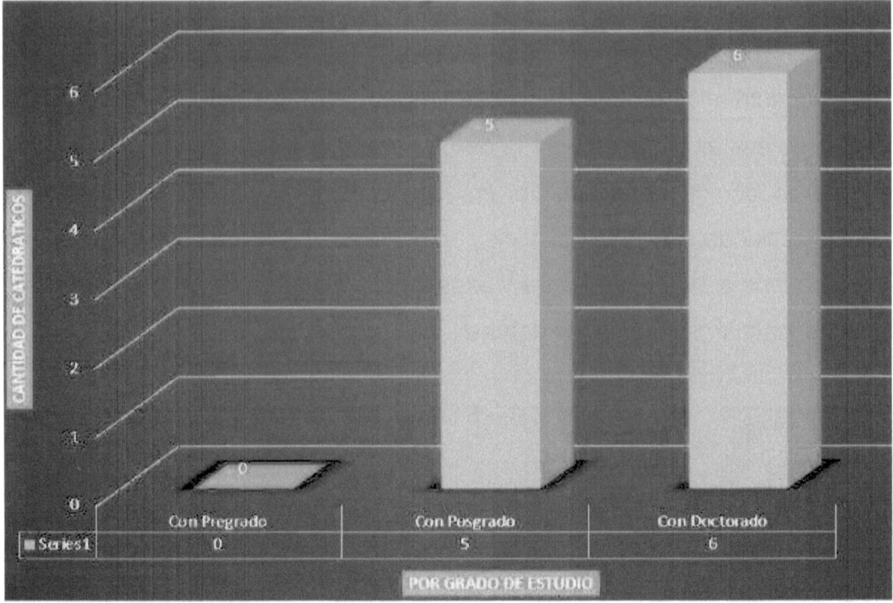

Gráfica 21: Población académica (profesorado) con perfil en el área de sistemas para nivel posgrado por nivel académico de la Facultad de Ingeniería de la Universidad Autónoma de Chihuahua.

Para los catedráticos para los posgrados a fines al área de sistemas se pide como requisito mínimo un posgrado, de lo contrario no pueden participar con cátedras en el área. Por la misma razón el profesorado con pregrado como máximo es inexistente, contando con catedráticos mayormente con doctorado, como se muestra en la gráfica 20. Esto habla del nivel de especialización y dominio que cuenta la planta docente de la FING.

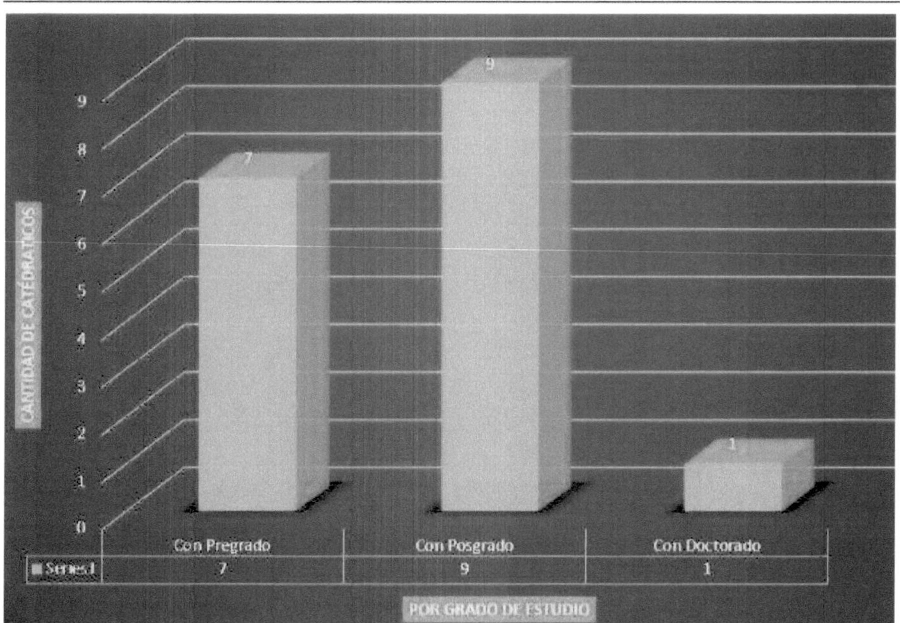

Gráfica 22: Población académica (profesorado) con perfil en el área de sistemas para nivel pregrado por nivel académico del Instituto Tecnológico de Delicias.

Los catedráticos de la ciudad de Delicias (gráfica 21) todos tienen una plaza estable que habla del compromiso que contraen los profesores para sus áreas de educación, aunque la planta docente cuenta con un solo doctor, la mayoría recae en el nivel de posgrado, estos maestros que están en el área de sistemas, son incluso más que los que se dedican en la FING de la ciudad de Chihuahua, indicativo que indica que hay más profesorado dedicado a la formación de egresados.

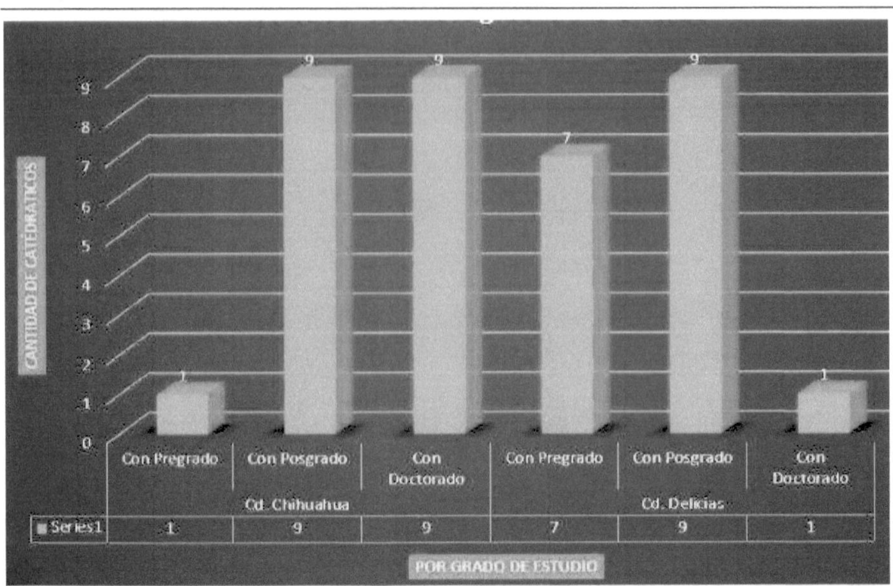

Gráfica 23: Comparativa de población académica (profesorado) con perfil en el área de sistemas por nivel académico de la Facultad de Ingeniería de la Universidad Autónoma de Chihuahua y del Instituto Tecnológico de Delicias.

En la gráfica 22 se muestran los dos institutos y la cantidad de profesores existentes en cada plantel, independientemente de la población escolar, ambos tienen una población académica casi del mismo tamaño, donde Chihuahua cuenta con 19 docentes, el Tecnológico de Delicias tiene 17.

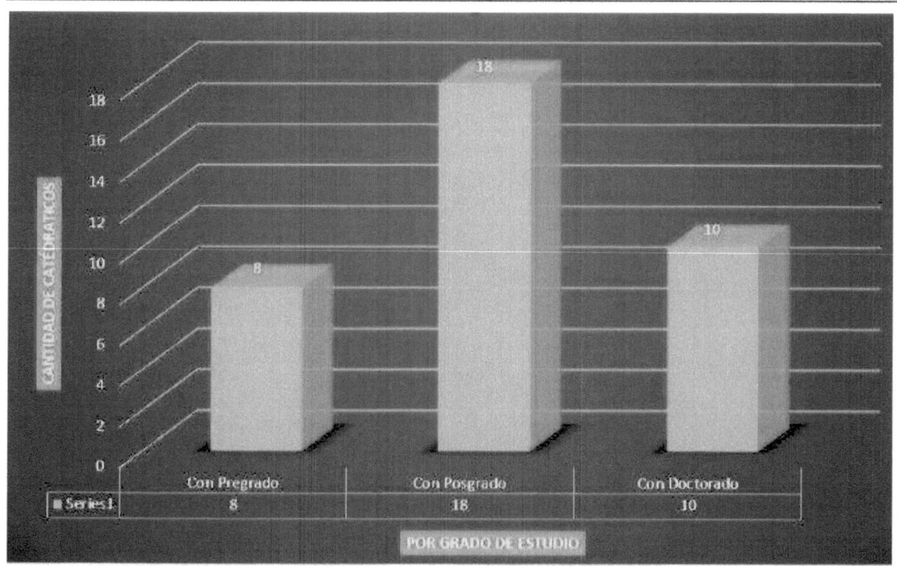

Gráfica 24: Total de población académica (profesorado) de ambas instituciones (Facultad de Ingeniería e Instituto Tecnológico de Delicias).

El total de profesores en ambos institutos, motivo de este análisis estadístico, se puede observar en la gráfica. La mayor población recae en el grado académico de posgrado, dejando en segundo lugar a los doctorados y en tercer lugar a docentes con un pregrado. Esto indica que se cuenta con un profesorado con niveles académicos requeridos, y que hablan de un grado de conocimientos altos. Cabe hacer mención, que el profesorado no solo se dedica a ofrecer cátedras, sino también participan en diversos eventos académicos como son: investigaciones, escritura de artículos, asesorías, consultores, entre otras actividades relativas a sus respectivas especializaciones y líneas de investigación.

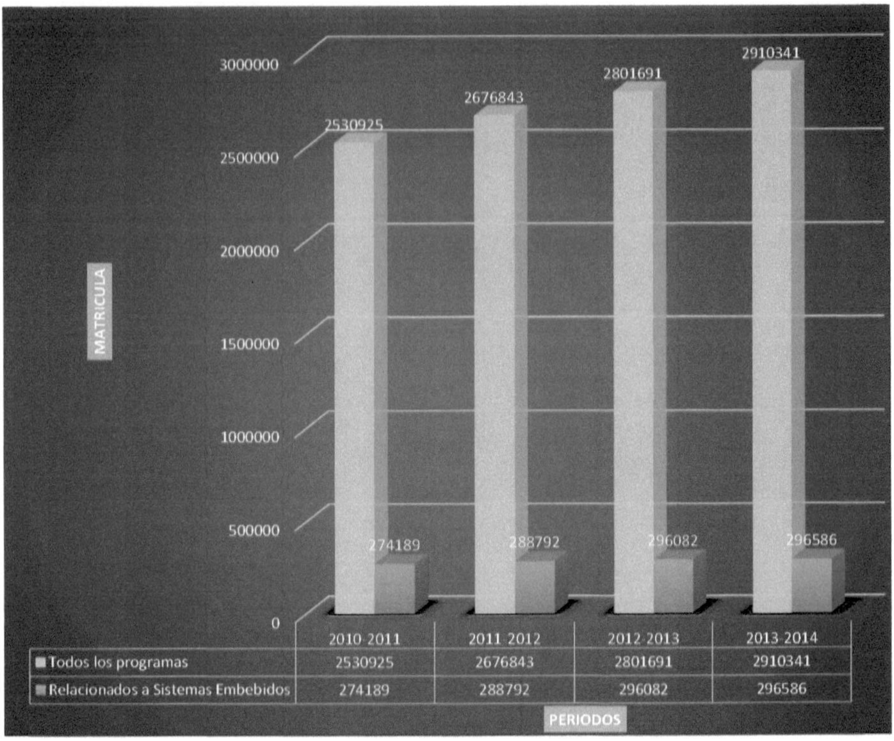

	2010-2011	2011-2012	2012-2013	2013-2014
Todos los programas	2530925	2676843	2801691	2910341
Relacionados a Sistemas Embebidos	274189	288792	296082	296586

Gráfica 25: Comparativo de la matricula nacional de alumnos en nivel licenciatura (Fuente: ANUEIS)

En la gráfica 24 se puede apreciar que existe gran matricula a nivel licenciatura en formación. Lo cual robustece el área relacionada a los sistemas embebidos. Y de manera particular las dos ciudades de las cuales se obtuvo el censo de la presente investigación para el año. Si se compara los estudiantes a nivel nacional de todos los programas contra los relacionados con los sistemas embebidos, se puede apreciar que es un número significativo, ya que como se aprecia en la gráfica 24 es un buen número de matrícula.

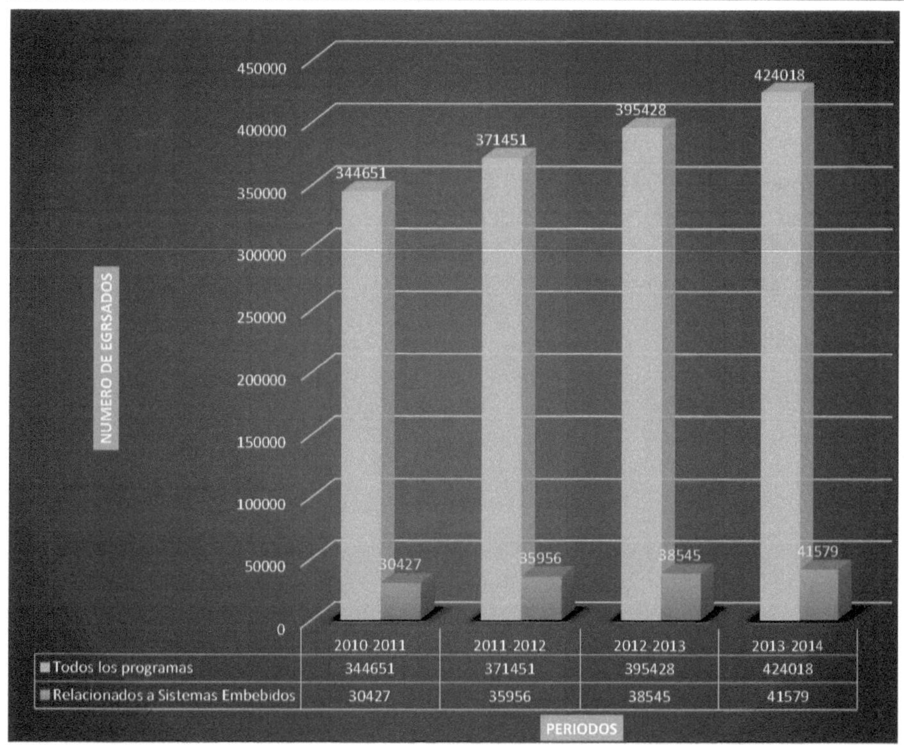

	2010-2011	2011-2012	2012-2013	2013-2014
Todos los programas	344651	371451	395428	424018
Relacionados a Sistemas Embebidos	30427	35956	38545	41579

Gráfica 26: Comparativo del egreso nacional de alumnos de nivel licenciatura (fuente ANUEIS).

En la gráfica 26 se puede apreciar los alumnos egresados con el perfil en el área, lo cual deja en claro que si existe talento humano para integrarse al nuevo mercado.

Los egresados con el perfil acorde al área de los sistemas embebidos representan un número muy importante, como se puede apreciar en la gráfica 26 donde se comparan con el total de la población de egresados si representan un buen número de posibles personas con el perfil adecuado para ingresar al área.

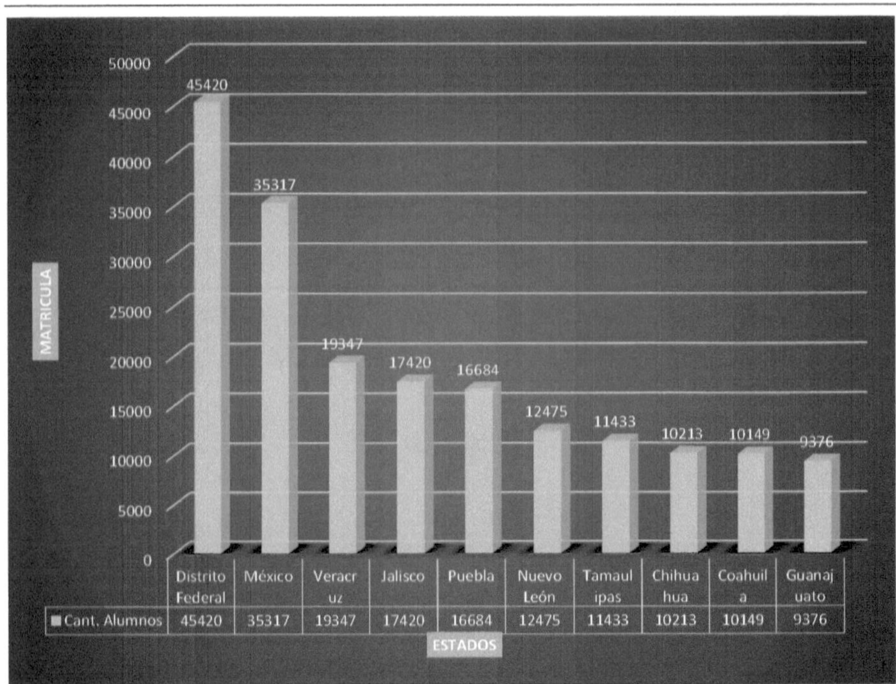

Gráfica 27: Los 10 estados con mayor cantidad de alumnos en carreras afines a los sistemas embebidos en el ciclo 2013-2014. (Fuente: ANUEIS)

De manera particular, el estado de Chihuahua se encuentra en una buena posición con respecto a la matricula con carreras relacionadas a los sistemas embebidos, por lo que indica que tiene y tendrá presencia en esta área para el apoyo y sostenimiento de las nuevas empresas que se integren al mercado (Cienfuegos-Méndez., 2016).

VI. CONCLUSIONES.

De acuerdo a la pregunta específica planteada en la presente investigación "¿Existe en la región personas con las capacidades para el desarrollo de software embebido?" el cual da lugar al objetivo específico que también se plantea que dice "Identificar si existe actualmente talento humano con el perfil profesional para desarrollar software embebido en la región." , permitiendo plantear la hipótesis "Actualmente se tiene recursos humanos cuya área de estudios están dentro del perfil en el desarrollo de software embebido, para una atención pronta de la demanda laboral.", y habiéndose analizado y revisado los resultados obtenidos que se describen a detalle en el apartado "V. Análisis de Resultados" de la presente investigación, describiéndolos de manera general se indica que se tiene una plantilla docente preparada ya que la mayor población recae en el grado académico de posgrado, dejando en segundo lugar a los doctorados y en tercer lugar a docentes con un pregrado. Lo cual demuestra que se cuenta con un profesorado con niveles académicos suficientes para cubrir con los requerimientos en el área.

Esta población es tan solo de dos instituciones, dejando de manifiesto que al expandir el presente estudio a otras instituciones se amplía más los resultados a favor, incrementando los números poblacionales, por lo que se concluye que la primera hipótesis especifica planteada se prueba como verdadera, ya que si se tienen actualmente recursos humanos cuya área de estudios están dentro del perfil en el desarrollo de software embebido, para una atención pronta de la demanda laboral.

Para la segunda pregunta específica "Los centros educativos de la región, ¿capacitan y ofertan talento humano con los conocimientos para ocupar posiciones laborales en las áreas de desarrollo de software embebido? de donde se deriva el objetivo específico "Identificar si existen centros educativos que puedan aportar recursos humanos con capacidades para cubrir los

puestos de las empresas establecidas o por establecerse.", por lo que se plantean las siguientes hipótesis:
"Hay centros educativos que ofertan carreras afines al área del desarrollo de software embebido, y estar en posibilidad a futuro para poder ofertar talento humano." y "Hay lugares donde capacitar al recurso humano de manera específica en las necesidades que las unidades de negocio requieran para adecuar sus capacidades y habilidades a los desarrollos de software requeridos".

Basado en lo anterior, se integran a la presente investigación de manera específica los datos obtenidos de los censos de dos instituciones, los cuales se revisaron y a manera de resumen se concluye que ambas hipótesis son verdaderas, ya que en base a los resultados obtenidos de la población estudiantil desde los primeros semestres, hasta los próximos a egresar, indican que siempre se tiene alumnos en preparación de manera constante, asegurando una egresión continuo con los perfiles deseados para el área de desarrollo de software embebido, así mismo, estas instituciones ofrecen a nivel pregrado y posgrado esta oferta educativa, preparando con altos perfiles a sus estudiantes, de manera particular y basado el estudio en tan solo dos instituciones refleja una población estudiantil de alrededor de mil jóvenes en formación, esto augura que siempre se estarán integrando el mercado gente con preparación, habiendo en la ciudad de Chihuahua y Delicias, más lugares donde se ofrecen licenciaturas y maestrías en el área, y que aumenta más los números a favor de la prueba para apoyar a las hipótesis planteadas como verdaderas.

La pregunta general donde recaen la principal causa de la presente investigación la cual dice "¿Es viable establecer en la región nuevas unidades de negocio en el área de desarrollo e implementación de software embebido? desprendiéndose el objetivo general que es el "Diagnosticar las capacidades de recurso humano calificado para establecer en la región empresas en el área de desarrollo de software embebido." permitiendo plantear la hipótesis "Existe en la región de la ciudad de Chihuahua y la ciudad de Delicias la capacidad académica para ofrecer talento humano técnico y operativo a nuevas unidades de negocio en el área de desarrollo de software embebido.", basados que el presente diagnóstico esta modelado en un tipo de muestreo no probabilístico y donde se obtuvo los datos a través de un censo de dos de las escuelas más importantes en las ciudades de Chihuahua y Delicias, la Facultad de Ingeniería de la Universidad de Chihuahua y el Instituto Tecnológico de Delicias (respectivamente), permitió revisar el panorama académico-educativo que se ofrece para efectuar este diagnóstico y así determinar las capacidades en el suministro de mano de obra calificada para las posibles empresas que se establezcan en la región, cuyo conocimientos para el propósito de la presente investigación se basan en el desarrollo e implementación de software embebido.

El análisis realizado a través de una estadística inferencial deja ver que hay personal con las capacidades deseadas que se dedican en capacitar a alumnos de las diversas carreras en el área de las TIC, y que los grados académicos son con pregrado, posgrado y doctorado, es decir, se tienen personas ya trabajando en la generación de nuevos egresados, y con grado académicos especializados en el ramo. Este indicador ofrece la certeza de que siempre se tendrán quien este formando o investigando sobre estos temas, incluso, uno o varios de los profesores también pueden ser integrados en el campo laboral si esto fuese necesario.

Y por otro lado, están los alumnos en formación, como se revisó siempre hay población estudiantil en curso (estudiando) y cada semestre están egresando jóvenes prácticamente listos para integrarse al sector laboral, esto asegura que siempre se estará generando mano de obra calificada para el sector, y generación tras generación estarán con los temas más actuales derivado de sus mentores y constantes academias y actualizaciones a los planes y programas de estudio.

Las dos instituciones que se mencionan tienen dentro de sus planes de estudios programas que son del área de las tecnologías de la información y comunicaciones, por lo que su población académica puede especializarse para desarrollar o implementar nuevos sistemas embebidos, que por ser una rama especializada pueden ser capacitados o inducidos en estos estudios.
Por lo que se puede afirmar plenamente que si existen en la región (tanto de la ciudad de Chihuahua como la ciudad de Delicias) instituciones que ya están ofreciendo capacitaciones en el ramo del desarrollo de software, por lo que en base a los datos numéricos de las muestras se confirma que si existe y existirá oferta de talento humano en las diversas disciplinas que pertenecen al área de las Tecnologías de la información y Comunicaciones abarcando también el desarrollo del software embebido, además de que en el País se tienen estudios más especializados en esta área, e inclusive se puede trabajar de la mano con la Asociación Mexicana de Software Embebido, quien cuenta con miembros en la ciudad de Chihuahua.

Esto muestra el panorama actual, también se puede denostar que ya se tienen personal capacitado y apto tanto de egresados (porque ambas escuelas tienen décadas generando profesionales) como del mismo profesorado.

En la ciudad de Chihuahua esta permanente trabajando un grupo de interés en Software Embebido, está integrado por personal de Visteon, del Instituto Tecnológico de Chihuahua, Instituto Tecnológico de Chihuahua II, Instituto Tecnológico de Monterrey campus Chihuahua, Facultad de Contaduría y Administración, Universidad Tecnológica de Chihuahua, Municipio de Chihuahua, Facultad de Ingeniería, entre algunas otras dependencias e instituciones. Periódicamente tienen reuniones para aumentar las capacidades de los diversos institutos para una integración en el desarrollo de sistemas embebidos, e ir integrando a la comunidad informática en esta área de oportunidad.

Para resumir y ofrecer una contundente conclusión, haciendo referencia a la hipótesis general del presente trabajo de investigación: se define que tanto en Chihuahua como en Delicias (ambas regiones) se tiene tanto la capacidad técnica como la operativa para atender la demanda de nuevas unidades de negocio en el área de desarrollo de software embebido basado en que actualmente ya se tiene recursos humanos para una atención pronta de demanda laboral (egresados como profesorado), además existen centros educativos tanto públicos como privados que ofertan estudios en las áreas afines, por lo que aseguran un constante suministro presente y futuro de talento humano, y estos mismos institutos pueden incorporar capacitaciones específicas que así requieran las nuevas unidades de negocio, por contar con académicos preparados y con amplia experiencia en el ámbito educativo, y el estado de Chihuahua posicionado en el octavo lugar a nivel nacional con matrícula en el área, da la certeza de que se tiene y se tendrá talento humano para las nuevas unidades de negocios que emprendan en la región chihuahuense. Por lo que se concluye que tanto las hipótesis específicas como la general son verdaderas.

Por todo lo expuesto, se puede afirmar que no solo se tiene gente preparada en el ramo, sino que se asegura que siempre se tendrá personas en preparación en las diversas instituciones y esto augura el de siempre estar en posición de poder ofertar talento humano para las empresas que así requieran.

VII. RECOMENDACIONES

Para delimitar el tema de la presente investigación solo se obtuvieron datos de dos institutos y con un enfoque específico para el desarrollo de software embebido, una recomendación para enriquecer este diagnóstico sería ampliar el campo del desarrollo del software, ya que este solo versa sobre el área de los sistemas embebidos, incluir programación en general, y extenderse a otras ciudades del estado de Chihuahua y sus instituciones principales.

Una parte importante es que se puede incluir para futuras investigaciones, es plantear la hipótesis de instituir en escuelas de educación básica (nivel primaria y secundaria) la enseñanza de la programación de computadoras, esto sería muy positivo, ya que programar tiene ventajas cognoscitivas paralelas como son:

- Análisis
- Buena ortografía
- Orden
- Metódicos
- Creatividad
- Ayuda a pensar
- Autonomía
- Entre algunos otros

E incluso a nivel medio superior, ver una alternativa de estudios para las matemáticas, por ejemplo: algebra por pseudocódigo.

Otra recomendación que enriquecería la presente investigación es la de incluir el desarrollo de un prototipo precisamente que contenga o sea parte de un dispositivo con software embebido, y que este sea una idea nueva, innovadora, creativa y que si pueda llevarse a cabo, por ejemplo: un dispositivo para un automóvil que si detecta seres vivos en el interior y que corran riesgos (temperaturas extremas, falta de oxigenación, entre algunos otros) realice un proceso de seguridad para resolver el problema e inclusive salvar vidas (controlar la temperatura del interior del vehículo, oxigenar, etc.), es decir, un dispositivo integrado al vehículo capaz de hacer un proceso preventivo basado en software embebido.

VIII. BIBLIOGRAFÍA

Academia Mexicana de la Lengua. (mayo de 2016). *Academia Mexicana de la Lengua, A.C.* Obtenido de http://www.academia.org.mx

Alba, V. C. (2015). Tres regiones de méxico ante la globalización: los casos de chihuahua, nuevo león y jalisco. En V. C. Alba. México: Centro de estudios mexicanos y centroamericanos.

Aparicio, A. (2006). Efectos psicosociales del desempleo. *RIS Revista de Investigación Social.*

Asociación Mexicana de Software Embebido. (febrero de 2016). *Página Oficial de la AMESE.* Obtenido de http://www.amese.net/

Ayuntamiento de Chihuahua. (Febrero de 2016). *Municipio de Chihuahua.* Obtenido de http://www.municipiochihuahua.gob.mx/Ciudad/Historia

Camargo Bare, C. I. (2012). Metodología para la transferencia tecnológica en la Industria Electrónica basada en software libre y Hardware Copyleft. *CASE: Congreso Argentino de Sistemas Embebidos.*

Cienfuegos-Méndez. (marzo de 2016). Capacidades de desarrollo de sistemas embebidos en México para la industria automotriz. *Capacidades de desarrollo de sistemas embebidos en México para la industria automotriz.*

Code.org. (2016). *Code.org.* Obtenido de https://code.org/

Codecademy. (2016). *Codecademy.* Obtenido de https://www.codecademy.com/es/learn

Conacyt: Alianza estratégica para el desarrollo de SE. (2016). Obtenido de https://www.google.com.mx/url?sa=t&rct=j&q=&esrc=s&source=web&cd=2&ved=0ahUKEwidrrvFoPvKAhUM4mMKHbstB1MQFgggMAE&url=http%3A%2F%2F2006-2012.conacyt.gob.mx%2Ffondos%2Finstitucionales%2FTecnologia%2FAvance%2FRedes%2F8-SISTEMAS_EMBEBIDOS-FUMEC-REDES.pdf&usg=A

Congreso de los Estados Unidos Mexicanos. (2016). Ley Federal del Derecho de Autor. Articulo 101.

Coordinación Estatal de Ciencia, Tecnología y Conocimiento de Gobierno del Estado de Chihuahua. (marzo de 2015). *CETEChihuahua.* Obtenido de http://www.cetechihuahua.gob.mx/coordinacion-de-psicologia/-/asset_publisher/DplcP58YQnff/content/buscan-fortalecer-el-modelo-de-educacion-dual-que-opera-el-conalep;jsessionid=7c63609d6e33c1101d44fb490e50

Costanzo, A. A. (2008). El impacto económico de las tecnologías de la información (TI) sobre la economía mundial. *N-Economia*, 2-3.

Delgadillo, M. J. (2008). *Política territorial en México. Hacia un modelo de desarrollo basado en el territorio.* México: México: UNAM-SEDESOL.

Facultad de Informática de la Universidad Autónoma de Querétaro. (2016). *Información académica de la Maestría en Software Embebido*. Obtenido de http://www.uaq.mx/informatica/mse.php

Facultad de Ingeniería de la Universidad Autónoma de Chihuahua. (marzo de 2016). *Portal Web Facultad de Ingeniería de la Universidad Autónoma de Chihuahua*. Obtenido de http://fing.uach.mx/

FindTheCompany. (2016). *http://fichas.findthecompany.com.mx/*. Obtenido de http://fichas.findthecompany.com.mx/l/127630620/Visteon-de-Mexico-S-de-R-L-en-Chihuahua-CHIH

Fundación ASCAMM. (2009). *Tendencias y aplicaciones de los sistemas embebidos en España*. Madrid.

Fundación México-Estados Unidos para la Ciencia. (2010). Oportunidades de negocio en el subsector de electrónica automotriz: sistemas embebidos. *Innovación Orientada: Unidos para la ciencia*.

Galeano, G. (2009). *Programación de Sistemas Embebidos en C*. México: AlfaOmega.

Gobierno Municipal Delicias. (Febrero de 2016). *TURISMO EN CIUDAD DELICIAS, CHIH.* Obtenido de http://www.delicias.gob.mx/index.php/turismo

Honewell. (2015). *Honeywell México*. Obtenido de Honeywell México: http://honeywell.com/worldwide/Pages/mexico-en.aspx

INFOTEC. (Febrero de 2016). *Presentación Maestría en Sistemas Embebidos*. Obtenido de https://www.infotec.mx/es_es/infotec/maestria_en_sistemas_embebidos_mse

Instituto Tecnológico de Delicias. (marzo de 2016). *Sitio Web del Instituto Tecnológico de Delicias*. Obtenido de http://www.itdelicias.edu.mx/

International Olympiad in Informatics. (Febrero de 2016). *International Olympiad in Informatics*. Obtenido de International Olympiad in Informatics: http://www.ioinformatics.org/index.shtml

ITESO, UNIVERSIDAD JESUITA DE GUADALAJARA. (2016). *Posgrados del ITESO*. Obtenido de http://posgrados.iteso.mx/especialidad-sistemas-embebidos

Jobs, S. (1995). Steve Jobs : The Lost Interview. (R. Cringely, Entrevistador)

Joyanes, L. (2008). *Fundamentos de Programación. Algoritmos, estructura de datos* (Cuarta ed.). (J. L. Sánchez, Ed.) Madrid, España: McGRAW-HILL/INTERAMERICANA DE ESPAÑA, S. A. U.

Mochi, P. (2006). *La industria del Software en México*. México.

National Instruments. (Octubre de 2015). *Herramientas para Diseño de Sistemas Embebidos en C/C++*. Obtenido de http://www.ni.com/white-paper/14623/es/

Obregón, H. (2007). Embedded Software Estado Actual y Tendencias. *SG Software Gurú:Conocimiento en Práctica*, 20-21.

Olimpiada Mexicana de Informática. (2016). *Olimpiada Mexicana de Informática (OMI)*. Obtenido de http://www.olimpiadadeinformatica.org.mx/OMI/OMI/Inicio.aspx

OpcionEmpleo. (Enero de 2016). *Ofertas de empleo en SE en México*. Obtenido de http://www.opcionempleo.com.mx/empleo-embebidos.html

Pressman, R. S. (2010). *Ingeniería del Software. Un enfoque práctico* (Septima ed.). New York: McGrawHill.

ProMéxico. (abril de 2016). *sitio Web Proméxico: México y sus Tratados de Libre Comercio con otros países*. Obtenido de http://www.promexico.gob.mx/comercio/mexico-y-sus-tratados-de-libre-comercio-con-otros-paises.html

Real Academia Española. (abril de 2016). *Diccionario de la lengua española*. Obtenido de http://dle.rae.es

Rosales, R. M. (2010). *Definición e importancia del desarrollo regional.* México: aregional.com.

Secretaría de Economía. (2015). *Diagnóstico 2015: S151 Programa para el Desarrollo de la Industria del Software y la Innovación.* Dirección General de Innovación, Servicios y Comercio Interior, México D.F.

Secretaría de Educación, Cultura y Deporte. (marzo de 2016). *Página de la Secretaría de Educación, Cultura y Deporte*. Obtenido de http://educacion.chihuahua.gob.mx/

Tapia, I. C. (2015). Oficio Presentación/Solicitud datos Académicos. Chihuahua, Chihuahua, México.

Úbeda, M. B. (2009). Apuntes de Sistemas Embebidos. Murcia, España.

Visteon Corporation. (Noviembre de 2015). *Visteon Corporation: Leading Automotive Global Supplier*. Obtenido de Visteon Corporation: Leading Automotive Global Supplier: http://www.visteon.com/index.html

Visteon Corporation. (Febrero de 2016). *Visteon Corporation*. Obtenido de http://visteon.com/company/profile.html

www.ingramcontent.com/pod-product-compliance
Lightning Source LLC
LaVergne TN
LVHW091325190726
843491LV00002B/571

* 9 7 8 6 1 3 8 9 9 4 6 2 6 *